VEN

A

LA

MESA

JOSEPH PRINCE

VEN

A

LA

MESA

**DESATA EL PODER
DE LA SANTA CENA**

La misión de Editorial Vida es ser la compañía líder en satisfacer las necesidades de las personas con recursos cuyo contenido glorifique al Señor Jesucristo y promueva principios bíblicos

VEN A LA MESA
Edición en español publicada por
Editorial Vida – 2020
Nashville, Tennessee

© 2020 Editorial Vida

Este título también está disponible en formato electrónico.

Originalmente publicado en Estados Unidos de América con el título:
Eat Your Way to Life and Health
Copyright © 2019 por Joseph Prince
Publicado por Emanate Books, un sello de Thomas Nelson. Emanate Books y Thomas Nelson son marcas registradas de HarperCollins Christian Publishing, Inc.
Todos los derechos reservados.
Prohibida su reproducción total o parcial.

Editora en Jefe: *Graciela Lelli*
Traducción: *Juan Carlos Martín Cobano*
Adaptación del diseño al español: *Setelee*

ISBN: 978-1-40022-177-6

CATEGORÍA: Religión / Vida Cristiana / Pentecostal y Carismática

IMPRESO EN ESTADOS UNIDOS DE AMÉRICA
PRINTED IN THE UNITED STATES OF AMERICA

20 21 22 23 24 25 LSC 9 8 7 6 5 4 3 2 1

CONTENIDO

INTRODUCCIÓN

¿**S**abías que puedes pedirle a Dios una vida larga, buena y saludable?

¿Eres consciente de que Dios sigue sanando a las personas hoy? ¿Y te has preguntado alguna vez si es la voluntad de Dios que seas sanado?

No sé a qué circunstancias te enfrentas mientras sostienes este libro en tus manos. Tal vez tú, o algún ser querido, has sido diagnosticado con una enfermedad crítica, y todavía estás conmocionado, lleno de temor e impotencia. O tal vez has sufrido una recaída de una afección que creías haber vencido, y te has resignado a que es «la voluntad de Dios».

Amigo mío, sea cual sea la situación a la que te enfrentas, no te rindas.

Ahora no.

Ni nunca.

No importa cuán grave sea tu informe médico, Dios puede cambiar tu situación. Él es un Dios de milagros, y es más grande que cualquier gigante al que te enfrentes hoy.

Quizás tus circunstancias externas sean desalentadoras. Tal vez estés rodeado de goteros intravenosos, respiradores u otros equipos médicos. El informe de la radiografía que te hicieron, ese bulto que los médicos encontraron en tu cuerpo o esa mancha que se extiende en tu piel pueden ser un presagio. Pero ¿sabes qué? Estas cosas puedes *verlas* y eso significa que son *temporales*. La Biblia nos dice que «las cosas que se ven son temporales, pero las que no se ven son eternas» (2 Co 4.18).

Existe un enemigo que usa lo visible para atraparte y oprimirte con temor y desánimo. Pero creo que el Señor dispuso que tuvieras este libro en tus manos porque quiere que mantengas tus ojos en él, el Dios invisible y eterno. Él nunca te dejará ni te abandonará. Incluso ahora, se está acercando a ti a través de las páginas de este libro. Tienes un Dios que te ama tanto que dio su vida por ti en la cruz.

Aun así, la gente se ha creído de alguna manera la mentira de que a veces es la voluntad de Dios que estemos enfermos. Incluso hay quienes afirman que Dios usa la enfermedad para «castigarnos» o enseñarnos una lección. Estas mentiras le han robado a su pueblo el derecho a la salud divina, un derecho comprado con sangre. Estas mentiras han hecho que muchos creyentes acepten sin más la enfermedad en sus cuerpos.

Amigo mío, Dios *no* es el autor de la enfermedad, la dolencia y la muerte. El poder destructivo de la enfermedad y la muerte se desató cuando Adán y Eva comieron del árbol del conocimiento del bien y del mal. Pero Dios nunca quiso que el hombre sufriera enfermedades y dolencias. De hecho, Dios nunca quiso que el hombre muriera. La muerte vino al mundo porque Adán pecó contra Dios, y la paga del pecado es la muerte (Ro 6.23).

La buena noticia es que nuestro hermoso Salvador no solo murió por nuestros pecados, sino que también pagó el precio de la sanidad de nuestras enfermedades con su propio cuerpo. Y, mediante su obra en la cruz, podemos creer en la sanidad divina. La Biblia declara que «gracias a sus heridas fuimos sanados» (Is 53.5, NVI).

¿Cómo podemos recibir esta provisión de salud e integridad? Así como la muerte y la enfermedad llegaron a través de un acto de comer, creo que Dios ha ordenado que otro acto de comer revierta la maldición provocada en el jardín del Edén. Creo que la vida, la salud y la sanidad también pueden ser liberadas por medio del simple acto de comer.

En otras palabras, *puedes comer tu camino hacia la vida y la salud*.

¿De qué estoy hablando? De la Santa Cena.

El cuerpo de Cristo ha sido negligente con las verdades que hay detrás de la Santa Cena. Muchos la han visto como un mero ritual o tradición y participado de ella solo unas pocas veces al año, o a lo sumo una vez al mes. Pero en nuestra iglesia, gracias a las revelaciones que Dios ha abierto para nosotros, hemos estado participando de la Santa Cena cada domingo por años. Muchos de nuestros miembros incluso participan de ella a diario, ¡y algunos lo hacen varias veces al día!

Desde que empecé a predicar el evangelio de la gracia hace más de dos décadas, y especialmente cuando empecé a predicar sobre cómo Dios ha ordenado la Santa Cena como un canal para recibir sanidad, salud y plenitud, he recibido testimonios de sanidad de personas de todo el mundo. A medida que más y más personas hacían suyas las enseñanzas sobre la Cena del Señor, comenzaron a llegar testimonios de sanidades, y estoy deseando compartir algunos de ellos contigo en este libro. Tanto si te enfrentas a un problema médico como si simplemente deseas vivir con mejor salud, sé que serás bendecido por las verdades de este libro.

Curiosamente, muchos creen que para vivir una vida larga y saludable lo que hay que hacer es vigilar lo que se come. Por eso vienen y van tantas dietas de moda, y se nos dice sin parar que necesitamos «alimentos saludables», como hojas de cebada, aceite de coco y espirulina, por nombrar solo algunos, para mantenernos sanos. Me sorprendió descubrir que, solo en Estados Unidos, la industria de las dietas maneja actualmente 70.000 millones de dólares,[1] con empresas que tratan de impulsar todo tipo de métodos de dieta, suplementos y regímenes.

No me malinterpretes. Por supuesto, come bien, elige los alimentos adecuados y aléjate de los excesos que dañan tu cuerpo. Pero nuestra vida no puede depender de dietas, actividades extravagantes, *apps* de ejercicios y alimentos saludables. Gracias a Dios por los nutricionistas y por los instructores de *fitness*. Están en la misma batalla. Pero nuestra confianza tiene que apoyarse en la redención comprada por Cristo, y no en la creación. Hablaré más sobre esto en los siguientes capítulos.

La salud divina y una larga vida solo pueden venir de Dios. A diferencia de las industrias de alimentación saludable, dieta o vitaminas y suplementos que tratan de vender sus productos, la provisión de Dios para la vida y la salud no se vende en un frasco, ni es un régimen ni una píldora. La hemos recibido de manera gratuita, pero llegó a un precio astronómicamente alto que pagó en la cruz del Calvario el propio Hijo de Dios.

Escribí este libro porque quiero que recibas, por medio de la participación en la Santa Cena, todos los beneficios de todo lo que el Señor Jesús ha comprado para ti en la cruz. Quiero que sepas, sin el menor género de duda, que Dios quiere que estés sano, completo y en buen estado. Quiero que sepas que Dios desea de todo corazón que disfrutes de una vida larga, saludable y satisfactoria.

Estas son algunas de las preguntas que espero responderte en este libro:

- ¿Es la voluntad de Dios curarme?
- ¿Soy apto para su poder de sanidad?
- ¿Qué debo hacer si estoy enfermo?
- ¿Dios me está castigando con enfermedades y dolencias?
- ¿Qué importancia tiene para mí la Santa Cena?
- ¿Puede Dios sanar a mis seres queridos?
- ¿Cómo puedo tener una vida larga y saludable?
- ¿Qué debo hacer cuando no veo resultados?

Al responder a estas preguntas, no quiero compartir mis opiniones personales. Quiero mostrarte las promesas eternas de la Palabra de Dios. Quiero compartir testimonios de las Escrituras y de personas que han sido sanadas a pesar de que los médicos les dijeron que sus enfermedades eran terminales o incurables.

Lo que Dios ha hecho por ellos también puede hacerlo por ti.

Amigo mío, tu progreso sanador está en camino, y estoy deseando que recibas cada una de las bendiciones que nuestro Señor Jesús pagó para que goces de ellas. Déjame mostrarte cómo puedes comer tu camino hacia la vida y la salud.

I.

VEN A LA MESA

Este que tienes en tus manos no es un libro normal y corriente.

Tengo la firme convicción de que estoy cumpliendo una misión de Dios, una misión que consiste en llevarnos a un lugar donde cada hijo de Dios pueda caminar en salud divina ¡todos los días de su vida!

Creo que el Señor me ha dado la misión de enseñar sobre el poder salutífero y curativo de la Santa Cena, y me muero de ganas de contarte más.

Esto no es una nueva revelación ni una moda pasajera. He estado predicando, enseñando y practicando las ideas que el Señor me ha dado por casi dos décadas. Tenemos una congregación de más de treinta y tres mil personas que se reúnen en múltiples servicios en muchos lugares cada domingo. Todos los domingos, en todos los servicios, incluyendo los infantiles, tomamos juntos la Santa Cena como iglesia.

La Santa Cena no es solo algo que debo enseñar. Estoy plenamente convencido de su eficacia, y personalmente participo de ella a diario. Hay temporadas en las que incluso participo varias veces al día, y no sé cómo empezar a contarte hasta qué punto la libertad de recibir libremente la Cena del Señor nos ha bendecido a mi familia y a mí.

OBTÉN UNA PODEROSA REVELACIÓN
DE LA SANTA CENA

Durante los últimos veinte años, he predicado muchos mensajes sobre la Santa Cena. Pero prediqué lo que considero un mensaje decisivo el 7 de abril de 2002, con el título de «Salud y plenitud por medio de la Santa Cena». No fue un sermón más. Las verdades reveladas ese día llevaron a la sanidad y transformación de innumerables vidas alrededor del mundo y desataron una marea de revelaciones que sigue teniendo eco a través de muchas vidas.

¡Amigo mío, no quiero que *tú* te pierdas ese mensaje! ¿Me permites retroceder en el tiempo? Como regalo para ti, he preparado un enlace al mensaje. Puedes escucharlo visitando JosephPrince.com/eat. Mientras escuchas, quiero que sepas algo: Dios no está limitado por el tiempo o el espacio. Escucharás una palabra que el Señor puso en mi corazón *para ti* hace muchos años. Fue importante entonces, pero creo que nunca ha sido más relevante que ahora.

NUNCA COMO AHORA HA SIDO TAN RELEVANTE LA REVELACIÓN DE LA SANTA CENA.

Tanto si es la primera vez como la centésima que me escuchas enseñar sobre la Santa Cena, pido a Dios que tu vida se revolucione al revelarte el Señor sus verdades. Sea cual sea la enfermedad o dolencia con que estés lidiando, que tu sanidad comience hoy, a medida que aprendas más y más sobre cómo puedes participar por medio de la Santa Cena de la obra consumada de Jesús.

Los frutos de la enseñanza de la Santa Cena han sido asombrosos. Desde que empecé a predicar sobre ello, han llegado testimonios de sanidad de todo el mundo. Si eres uno de los que me ha escrito, gracias. Desde el fondo de mi corazón, *gracias*. Me llena de humildad que te tomaras el tiempo de compartir tu testimonio conmigo. Tal vez no pueda responder a todos ni compartir todos los testimonios durante mi predicación, pero leer acerca de lo que el Señor ha hecho por ti y tus seres queridos me ha bendecido de una manera incalculable y quiero que sepas que la palabra de tu testimonio también ha ayudado a otros a vencer al enemigo en sus vidas (Ap 12.11).

En particular, quiero dar las gracias a aquellos de ustedes que me han enviado copias de sus informes médicos, escáneres, radiografías y otros documentos médicos que confirman la sanidad del Señor en sus vidas. Me alegra saber que caminan con la salud que nuestro Señor Jesús pagó para que la disfruten. Me alegra aún más saber que han experimentado su amor por ustedes de una manera tan tangible.

LA SALUD ES LA MAYOR BENDICIÓN

¿Estás de acuerdo en que, aparte del regalo de la salvación —recibir a Jesús como nuestro Señor y ser salvados de la destrucción eterna—, la mayor bendición que podríamos recibir es la salud? Puedes tener una familia maravillosa, pero, si estás postrado en cama y no puedes disfrutar de estar con ellos, sería una desgracia. En cuanto al dinero, es posible que puedas pagar el tratamiento médico más moderno o a los mejores cirujanos, pero ni todo el dinero del mundo puede comprar la salud.

No tengo duda de que Dios quiere que tú y yo disfrutemos de su bendición de la salud. Cuando Jesús anduvo en la tierra, no estuvo todo el tiempo caminando sobre el agua o calmando tempestades, pero sí estuvo *sanando* todo el tiempo. En cada pueblo al que entraba, en cada lugar donde iba, hacía el bien y sanaba a todos los oprimidos (Hch 10.38).

¡NOS HAN ROBADO!

Una de las razones por las que me apasiona tanto enseñar sobre la Santa Cena es porque fui víctima de una enseñanza defectuosa y legalista que me mantuvo en temor y esclavitud por muchos años en mis primeros años como cristiano. No me sorprendería que a algunos de los que leen esto les enseñaran las mismas cosas.

> **JESÚS NO ANDABA SOBRE EL AGUA NI CALMABA TEMPESTADES TODO EL TIEMPO, PERO SÍ *SANABA* TODO EL TIEMPO.**

Me enseñaron a «examinarme» antes de venir a la Mesa del Señor y me advirtieron que no participara si había un pecado en mi vida que me hiciera indigno. Me dijeron que, si lo hacía, eso traería juicio sobre mí. Me volvería débil y enfermaría, e incluso podría morir antes de tiempo. Como resultado, me daba tanto miedo la Santa Cena que nunca la tomaba.

Después de todo, no era tonto. ¿Por qué iba a arriesgarme? No vivía en pecado ni nada de eso, pero ¿y si había algún pecado en mi vida que ignoraba o había olvidado confesar? Para empeorar las cosas, me dijeron que no solo podía cometer pecados de comisión (cosas que hacía), sino también de omisión (por cosas buenas que no hacía) e incluso de transmisión (pecados cometidos por mis antepasados). ¿Cómo saber si era suficientemente «digno»?

En la iglesia a la que había asistido anteriormente, recuerdo que los que deseaban tomar la Santa Cena eran invitados a pasar adelante, y teníamos que caminar hasta el altar, en la parte frontal de la iglesia. Yo era entonces líder de jóvenes, así que fingía pasar adelante junto con los que recibían la Santa Cena. Después de estar de pie algún tiempo, volvía a mi asiento y hacía como si ya hubiese recibido la Santa Cena. Pero nunca participaba de ella.

¿Por qué? Por miedo.

Me robaron mi herencia por culpa de una predicación bien intencionada pero errónea que puso una valla invisible alrededor de algo cuyo propósito era ser una *fuente* de salud y sanidad y una bendición para el pueblo de Dios. Pusieron una valla alrededor que decía: «No te acerques a menos que seas digno». No quiero que te roben como a mí, y por eso quiero que veas por ti mismo lo que dice la Palabra de Dios. ¿Estás listo?

LA MALA INTERPRETACIÓN DE LAS ESCRITURAS CONDUCE A CREENCIAS ERRÓNEAS

¿Cómo se han creado esas creencias tan equivocadas? Proceden de una mala interpretación de la enseñanza del apóstol Pablo sobre la Santa Cena en su carta a la iglesia de Corinto:

> De manera que cualquiera que comiere este pan o bebiere esta copa del Señor indignamente, será culpado del cuerpo y de la sangre del Señor. Por tanto, pruébese cada uno a sí mismo, y coma así del pan, y beba de la copa. *Porque el que come y bebe indignamente, sin discernir el cuerpo del Señor, juicio come y bebe para sí. Por lo cual hay muchos enfermos y debilitados entre vosotros, y muchos duermen.* (1 Co 11.27–30)

De alguna manera, se han malinterpretado los versículos 27 y 29 y se ha enseñado que no podemos participar de la Santa Cena si somos «indignos» por culpa de nuestros pecados. Pero la sangre de Jesús ya ha sido derramada por nosotros y, como creyentes, somos la justicia de Dios en Cristo (2 Co 5.21). Somos plenamente justos y dignos, no porque seamos perfectos, sino porque *él* es perfecto.

Ahora bien, quiero dejar claro que estoy en *contra* del pecado. Pero no tenemos que ser perfectos para venir a la Mesa del Señor. Si eso fuera un requisito previo, ¡*nadie* podría participar! Tal vez no creas haber cometido ningún pecado grave o importante, pero, para Dios, el pecado es el pecado y si fallas, aunque sea en un área, eres considerado culpable de todo (Stg 2.10). Gracias a Dios que, incluso cuando fallamos, tenemos «redención por su sangre, el perdón de pecados, conforme a las riquezas de su gracia» (Ef 1.7).

NO TENEMOS QUE SER PERFECTOS PARA ACUDIR A LA MESA DEL SEÑOR.

Además, quiero señalar que los versículos 27 y 29 no dicen que los indignos *no* puedan participar de la Santa Cena. Fíjate bien. Pablo hablaba de la *manera* en que uno participa de la Santa Cena. El apóstol le escribía a la iglesia de Corinto, que trataba la Cena del Señor con irreverencia, comiendo para satisfacer su hambre, mostrando desconsideración por los demás e incluso emborrachándose. Pablo describe cómo participaban:

> Cuando ustedes se reúnen, la verdad es que no les interesa la Cena del Señor. Pues algunos se apresuran a comer su propia comida y no la comparten con los demás. Como resultado, algunos se quedan con hambre mientras que otros se emborrachan. ¿Qué? ¿Acaso no tienen sus propias casas para comer y beber? ¿O de veras quieren deshonrar a la iglesia de Dios y avergonzar a los pobres? (1 Co 11.20-22, NTV)

Está claro que Pablo los reprendía por tratar la Cena del Señor como cualquier otra comida, en lugar de participar de ella de una *manera* digna de lo que nuestro Señor Jesús había ordenado que fuera. Trataban la Santa Cena como algo ordinario en lugar de verla como algo santo y especial.

> **NO TE LIMITES A CUMPLIR CON EL TRÁMITE DE TOMAR EL PAN Y LA COPA SIN VALORAR SU SIGNIFICADO Y PODER.**

Para nosotros hoy, participar de la Santa Cena de una manera indigna es ser como la iglesia de Corinto, tratar los elementos de la Santa Cena como *comunes*, *insignificantes* e *impotentes*. Es tratar los elementos de la Santa Cena como naturales y ordinarios y no reconocer el gran poder sagrado que tenemos en nuestras manos. Es desdeñar los elementos y ser como los hijos de Israel, que estaban tan habituados al maná, que Dios les daba siempre en su gracia, que consideraban el pan del cielo como algo sin valor (Nm 21.5). Es limitarse a cumplir con el trámite de comer el pan y tomar la copa sin valorar el significado y el poder que contienen.

Tal vez nunca has entendido en realidad por qué los cristianos toman la Santa Cena, y solo la has estado tomando porque te han dicho que lo hagas. Para ti, es un ritual vacío, algo que tu iglesia organiza una vez al mes, o solo en ocasiones especiales como el Viernes Santo. Tal vez estás tomando la Santa Cena de manera supersticiosa, la estás probando solo porque has escuchado testimonios de sanidad y esperas que su «magia» pueda funcionar para ti también. O tal vez lo ves como una costumbre sentimental o una curiosa tradición que simplemente les recuerda a los cristianos las raíces de su fe. Tal vez, cuando tienes los elementos en tus manos, lo único que ves es una galleta y un poco de jugo, y nada más.

Si te reconoces en lo anterior, déjame decirte que también *te* han robado. La Biblia dice que el pueblo de Dios se destruye «porque le faltó conocimiento» (Os 4.6). ¡Tu falta de conocimiento sobre lo que realmente es la Santa Cena te ha estado destruyendo, y ni siquiera lo sabes!

TENEMOS LA VERDADERA FUENTE DE LA JUVENTUD

Déjame decirte por qué predico con tanto ahínco sobre la Santa Cena y por qué participo de ella todos los días. Déjame decirte por qué la Santa Cena está arraigada como parte del ADN de nuestra iglesia y por qué creo que es más poderosa que cualquier medicina, procedimiento médico, antibiótico y quimioterapia usados para curarnos el cuerpo. Déjame decirte por qué creo que la Santa Cena es la proverbial «fuente de la juventud» que la humanidad ha buscado por generaciones y por qué creo que cada vez que participamos en ella estamos renovando nuestra juventud como el águila (Sal 103.5).

> CADA VEZ QUE PARTICIPAMOS DE LA SANTA CENA, SE RENUEVA NUESTRA JUVENTUD COMO LA DEL ÁGUILA.

La tierra ha estado sometida a juicio divino desde que Adán pecó. El envejecimiento, la enfermedad y la muerte son parte de esta sentencia divina. La realidad es que vivimos en un mundo caído y estos efectos de la sentencia divina están afectando a *todos* nuestros cuerpos mortales. Pero Dios *nunca* pretendió que sus hijos sufrieran nada de eso. Por eso envió a su Hijo para llevar nuestros pecados y enfermedades en la cruz. Por eso Dios proveyó la Santa Cena como un medio para escapar del juicio divino que pesa sobre este mundo, para contrarrestar sus efectos. La Santa Cena es un canal sobrenatural para que su salud e integridad fluyan en nuestros cuerpos. Mientras que el mundo se debilita y enferma, creo que cada vez que tomamos la Santa Cena con fe ¡nos fortalecemos y nos sentimos más sanos!

> **LA SANTA CENA ES UN CANAL SOBRENATURAL PARA QUE FLUYA EN NUESTRO CUERPO LA SANIDAD DE DIOS.**

Hay algunos que han malinterpretado 1 Corintios 11.27 y dicen que, cuando participamos siendo indignos, Dios nos juzga enviándonos enfermedades. Me entristece que la gente acuse, sin darse cuenta, a nuestro amado Padre de infligirnos enfermedades, cuando él hizo el sacrificio máximo para *librarnos* de las enfermedades. ¿No es como si el engañador levantara vallas de creencias erróneas alrededor del mismísimo canal que el Señor dispuso como antídoto para la enfermedad y el mal? ¿No es como si el enemigo pusiera estas vallas para que el pueblo de Dios tuviera demasiado miedo como para participar en su provisión?

La iglesia primitiva entendió con claridad cuán poderosa es la Santa Cena. Por eso no participaban en ella solo de vez en cuando. La Biblia nos dice que partían el pan «por las casas» (Hch 2.46). Cuando se reunían los domingos, la razón principal no era escuchar la predicación y la enseñanza. Quiero que lo veas por ti mismo:

El primer día de la semana, reunidos los discípulos *para partir el pan...* (Hch 20.7)

Aunque el apóstol Pablo fuera el orador invitado ese fin de semana, la razón principal por la que se reunían era para partir el pan. Si la gente de hoy conociera la magnitud del poder contenido en la Cena del Señor, sería como la iglesia primitiva, participaría de la Cena del Señor tan a menudo como pudiera y recibiría todos los beneficios que pudiera. ¡Nos han robado, amigos! ¡Es hora de despertar!

Examinémonos siempre, no por los pecados (pues han sido lavados por la sangre de Jesús), sino para asegurarnos de que participamos de una manera *digna* de la Cena del Señor, con una revelación de su obra consumada. Estemos siempre conscientes de que, al participar del pan, estamos participando del cuerpo de Jesús que fue partido para que el nuestro estuviera entero (1 Co 11.24; Is 53.5). Y, mientras participamos de la copa, seamos conscientes de que estamos recibiendo su sangre, que fue derramada para el perdón y la remisión de *todos* nuestros pecados (Mt 26.28; Col 2.13).

> PARTICIPA DE LA CENA DEL SEÑOR CON UNA REVELACIÓN DE SU OBRA CONSUMADA.

ÉL ESTÁ CONTIGO EN MEDIO DE TUS PRUEBAS

Pero, si Dios quiere que estemos sanos, y el cuerpo de Jesús fue partido por nosotros, ¿por qué hay cristianos que están enfermos? Conozco personalmente a creyentes que luchan con enfermedades graves, y seguro que tú también. Tú o algún ser querido podrían estar afrontando un problema de salud en este momento.

Si estás luchando contra una afección médica, por favor, has de saber que no hay nada malo en tener dudas y preguntas. El Señor conoce la confusión y el dolor que sientes, y quiere que sepas que él está contigo en todo el proceso. Sé que puede ser difícil seguir confiando en él cuando estás pasando por una prueba de fuego. Pero sigue confiando en él, amigo mío. Él *es*, en este momento, tu ayuda *presente* (Sal 46.1). Sigue poniendo tus ojos en él. Él es fiel, y no te dejará ni te abandonará (Dt 31.6).

Daniel 3 registra la historia de tres amigos (Sadrac, Mesac y Abednego), que fueron atados y arrojados a un horno de fuego cuando se negaron a inclinarse y adorar la imagen de oro erigida por el rey Nabucodonosor. El horno estaba tan caliente que los hombres que los arrojaron murieron abrasados. Pero el rey vio a los tres amigos caminando en medio del fuego, y vio a un cuarto hombre con aspecto «semejante a hijo de los dioses» (Dn 3.25). Asombrado, el rey los llamó, y él y todos sus oficiales vieron que el fuego no les hizo nada. No tenían ni un solo pelo chamuscado, sus ropas no estaban quemadas ni dañadas, y ni siquiera olían a humo. Como resultado, el rey reconoció que no había otro Dios que pudiera librar como su Dios, y los tres amigos no solo fueron liberados, sino también ascendidos de cargo.

SALDRÁS DE TU PRUEBA MUCHO MÁS FUERTE QUE ANTES DE ENTRAR.

Amado, tu Señor Jesús ha prometido que «*nada* os dañará» (Lc 10.19). Aunque estés pasando por una prueba, él te librará. Así como estuvo en el fuego con los tres amigos de Daniel, también está contigo. Oro en el nombre de Jesús para que salgas de esta prueba mucho más fuerte que antes de entrar. ¡Declaro que esta enfermedad *no* tendrá poder sobre ti, y que el Señor te librará de una manera tan completa que saldrás de ella sin ni siquiera oler a humo!

CÓMO EVITAR ESTAR DÉBIL Y ENFERMO

Quiero compartir contigo algo que creo que puede ayudarnos a experimentar más de su poder sanador. El apóstol Pablo nos llama la atención sobre la razón por la que muchos cristianos están débiles o enfermos e incluso mueren antes de tiempo. ¿No te alegra que haya usado la palabra *razón* y no *razones*? No digo que toda enfermedad de todo creyente se deba a esto. Solo estoy señalando que, en su Palabra, Dios destaca esta como la razón por la que muchos cristianos están débiles, enfermos y dormidos (muertos prematuramente). Es una buena noticia porque significa que, cuando sepamos cuál es la causa, podremos evitarla.

> Porque el que come y bebe indignamente, sin discernir *el cuerpo del Señor*, juicio come y bebe para sí. *Por lo cual* hay muchos enfermos y debilitados entre vosotros, y muchos duermen. (1 Co 11.29–30)

La «razón» que Pablo subraya es no «discernir el cuerpo del Señor». La palabra *discernir* traduce el verbo griego *diakrino*, que significa «hacer una distinción».[1] (Si quieres saber más sobre las palabras griegas clave y sus significados en 1 Corintios 11.28–32, por favor, consulta el apéndice). Hay quienes reconocen que la sangre de Jesús fue derramada para el perdón de nuestros pecados, pero no reconocen que su cuerpo fue partido para que nuestros cuerpos pudieran estar bien. También hay quienes aglutinan el pan y la copa como una sola cosa, y consideran que ambos juntos representan el perdón de los pecados, de modo que no distinguen entre los dos elementos.

Pero Jesús no solo sufrió y murió para darnos perdón. También murió por nuestra sanidad. El salmista David escribió: «Bendice, alma mía, a Jehová, y no olvides ninguno de sus beneficios. Él es quien perdona todas tus iniquidades, el que sana todas tus dolencias» (Sal 103.2–3). El mismo Jesús que compró el perdón de *todos* nuestros pecados también eliminó *todas* nuestras enfermedades. Al no hacer una distinción y ver que el cuerpo del

EL MISMO JESÚS QUE COMPRÓ EL PERDÓN DE *TODOS* NUESTROS PECADOS TAMBIÉN ELIMINÓ *TODAS* NUESTRAS ENFERMEDADES.

Señor fue partido para que nuestras enfermedades fueran sanadas, se da lugar a que muchos estén enfermos y debilitados.

Si hay muchos que están enfermos y débiles porque no han discernido el cuerpo del Señor, es lógico deducir que lo opuesto sea verdad: aquellos que *disciernen* que su cuerpo fue partido para nuestra salud estarán sanos y fuertes, ¡y vivirán una buena y larga vida! Por eso, amigo mío, es por lo que estoy escribiendo este libro. Hay un gran poder sanador en la Santa Cena, pero demasiadas personas se han visto despojadas de este don, ya sea por no conocerlo o porque no se les ha enseñado bien lo que el Señor quería que fuera.

> **CADA VEZ QUE PARTICIPAMOS DEL CUERPO DEL SEÑOR, ESTAMOS INGIRIENDO SALUD, VITALIDAD, FUERZA Y LARGA VIDA.**

Cada vez que participamos del cuerpo del Señor, estamos ingiriendo salud, vitalidad, fuerza y larga vida. Si hay una enfermedad en el cuerpo, será expulsada de manera sobrenatural. Si hay deterioro y degeneración, el proceso se invertirá. Si hay dolor, se quitará. Los resultados quizás no sean espectaculares e inmediatos, pero están asegurados y llegarán sin duda. Y yo oro para que los experimentes personalmente.

EL CÁNCER DESAPARECIÓ DESPUÉS DE TOMAR LA SANTA CENA

Hace unos años, los médicos le encontraron un enorme tumor en la garganta a mi tío. Una biopsia mostró que era canceroso. El patólogo le dijo que el cáncer se estaba extendiendo de forma agresiva por todo el cuello y detrás de la lengua. Mi tío me dijo que, en cuanto escuchó lo que le dijo el patólogo, renunció a la esperanza de vivir. Pero, antes de someterse a cirugía para tratar de quitar el tumor, sus hijas, que llevaban años asistiendo a nuestra iglesia, lo visitaron y le dijeron: «Vamos a tomar juntos la Santa Cena, papá. Oremos y creamos en Dios».

Él contó que, mientras tomaban la Santa Cena, sintió por primera vez que la esperanza se elevaba en su corazón, y la tomó con fe en que Jesús era su sanador y en que el cuerpo de Jesús marcaría la diferencia en su cuerpo, allí mismo en la sala del hospital. Después de eso, se sometió a la cirugía y los médicos le quitaron el tumor de la garganta. Lo asombroso es que, cuando hicieron una biopsia de lo que habían extirpado, no encontraron absolutamente ningún rastro de cáncer en el tumor, ¡y sus médicos no podían explicarlo!

Los numerosos exámenes previos a la cirugía habían confirmado que el tumor era canceroso. De hecho, las pruebas mostraban que el cáncer se estaba extendiendo y era agresivo. Aun así, cuando le quitaron el tumor, no había rastro de cáncer en él. De alguna manera, el Señor había hecho que el cáncer desapareciera de una manera sobrenatural, y yo creo que eso sucedió cuando mi tío y su familia tomaron la Santa Cena.

Del mismo modo, si hay una enfermedad en tu cuerpo y los médicos te han dado un pronóstico negativo, no temas. Tal vez no sepamos cómo puede producirse nuestra sanidad, pero tengamos fe en la obra consumada de Jesús. «Para Dios todo es posible» (Mt 19.26).

Aunque acabamos de comenzar a hablar de la Santa Cena, le pido a Dios que este capítulo ya haya contribuido a responder a algunas de tus preguntas y que ahora estés entusiasmado por recibir sus beneficios gratuitamente. Hay alguien que te ama mucho.

> ÉL HA ALLANADO EL CAMINO PARA QUE RECIBAS TANTO SU PERDÓN COMO SU PODER SANADOR.

No vivas como si no tuvieras un Salvador. Sea cual sea la afección que te hayan diagnosticado, no desesperes. Él ha pagado el precio para que estés bien. Y ha allanado el camino para que puedas recibir no solo su amor y perdón, sino también su poder sanador.

Quiero invitarte a la Mesa del Señor. La mesa no la han preparado manos humanas que pueden flaquear y fallar, sino el Perfecto cuyas manos fueron clavadas en la cruz por ti. *Él* prepara esta mesa en presencia de tus enemigos, y te invita a venir a compartir su cuerpo partido por ti y su sangre derramada por ti. Ven sin miedo a la mesa, participa por fe y recibe tu sanidad.

Si has recibido a Jesús como tu Señor y Salvador, has sido hecho digno por la sangre del Cordero. Has sido limpiado de todos tus pecados. No permitas que el enemigo te siga robando. Participa de la Cena del Señor con acción de gracias, sabiendo que cada vez que participas ¡te vuelves más saludable, más fuerte y más joven en Cristo!

2.

NO ES OTRO PLAN DE DIETA

Puede que hayas escogido este libro pensando que abogo por algún nuevo tipo de dieta. Lo cierto es que sí lo estoy haciendo. Pero la comida y la bebida de las que hablo no son comida y bebida naturales. No tienen nada que ver con la cantidad de carbohidratos que se te permite ingerir ni con si son o no de origen orgánico. En este capítulo, quiero hablarte más sobre esta comida y esta bebida *sobrenaturales* y sobre la clave para vivir una vida larga y saludable *a la manera de Dios.*

¿EN QUÉ SE BASA TU SALUD?

Según los Centros para el Control y la Prevención de Enfermedades, entre 2015 y 2016, el 70 % de los estadounidenses mayores de 20 años tenían sobrepeso o eran obesos.[1] Es una estadística bastante sorprendente, si quieres mi opinión. Lo que es aún más preocupante es que la obesidad está relacionada con el aumento en los porcentajes de docenas de enfermedades y afecciones crónicas, como la diabetes, las enfermedades cardíacas, el cáncer, la depresión e incluso la infertilidad.[2]

Tal vez te estés preguntando cómo puedes asegurarte una vida larga y saludable. ¿Me permites decirte que seguir la última moda en dietas o comprar la última pulsera de ejercicio no es la respuesta? Aunque algunas dietas pueden dar resultados como la pérdida de peso, muchas personas recuperan su peso con creces cuando dejan la dieta. En cuanto a las pulseras de ejercicio, recuerdo que, cuando comenzó esa moda, estuve en una tienda de electrónica y conversé con el dueño. Me contó que había tal demanda de esos artilugios que literalmente volaron de sus estantes. Pero un estudio demostró que, aunque uno de cada diez estadounidenses mayores de 18 años poseía una de esas pulseras, más de la mitad de ellos dijeron que habían dejado de usarla.[3]

Por favor, escúchame. No digo que no debas comer bien o hacer ejercicio. ¡Claro que sí! Solo te indico que, aunque cada año se invierten miles de millones de dólares en el mercado de las dietas y la pérdida de peso, los resultados que producen son diversos y a menudo pasajeros. Estoy a favor de los planes para estar en forma o de los dispositivos que pueden ayudar a las personas a alcanzar sus objetivos de salud. Yo mismo sigo una dieta saludable, y también hago ejercicio y salgo a caminar con regularidad.

> DIOS TIENE ALGO ESPECIAL RESERVADO PARA SUS HIJOS: EL REGALO DE LA SALUD SOBRENATURAL.

Pero ¿me permites sugerirte que, como creyentes, no debemos obsesionarnos ni depender de dietas y regímenes de ejercicios para nuestra salud? Dios tiene algo especial reservado para sus hijos, y es el regalo de su salud divina. Es una salud *sobrenatural* que no se basa en la comida que ingerimos ni en cuánto nos castigamos en el gimnasio. Si todo eso pudiera llevar a la salud y la vida divinas, cualquiera, incluso los no creyentes, podrían disfrutar de ellas.

LA ÚNICA GARANTÍA PARA LA SALUD DIVINA

Muchos creyentes se centran en la comida y la dieta como su clave para la salud, y hay muchos libros sobre qué comer y qué no comer. Por ejemplo, hay creyentes que defienden volver a la dieta que Adán y Eva habrían seguido en el jardín del Edén. Esto significa comer más frutas, cereales y semillas, como si pudiéramos retroceder a la época anterior al pecado de Adán. Pero no podemos pretender que la caída no ocurrió, ¡sí ocurrió!

También hay quienes defienden la dieta mediterránea que nuestro Señor Jesús habría seguido. Estoy de acuerdo en que una dieta mediterránea es buena, pero, si lo piensas, todas las personas que Jesús sanó *seguían* la dieta mediterránea, y aun así se enfermaron. Ha habido otras dietas, y sus promotores defienden cosas distintas, desde cero carbohidratos hasta ayunos intermitentes o alimentación vegetariana. Por desgracia, comer bien no garantiza una buena salud. Una persona puede comer solo lo que los nutricionistas consideran los mejores superalimentos orgánicos y ser superdisciplinada con su rutina diaria de ejercicios, y aun así caer en una enfermedad terminal y ver acortados sus días. ¿Por qué? La creación está caída. ¡La respuesta no está en la *creación*, sino en la *redención*!

No estoy criticando las dietas especiales. Si has seguido tales dietas y te ha ido bien, ¡gloria a Dios! Solo digo que nuestra confianza y dependencia no puede estar en los alimentos que comemos para estar sanos o tener una larga vida. No hay esperanza en la creación. Ya sea que realicemos ciertas dietas, utilicemos remedios herbales o comamos alimentos orgánicos, todo procede de este mundo creado. Pueden ser beneficiosos, pero no pueden garantizar la salud porque la tierra está caída.

Toda la creación gime y está sujeta a la muerte y la decadencia (Ro 8.21-22, NTV). La Biblia incluso

> LA RESPUESTA NO ESTÁ EN LA *CREACIÓN*, SINO EN LA *REDENCIÓN*.

nos dice: «Porque buena cosa es afirmar el corazón con la gracia, no con viandas, que nunca aprovecharon a los que se han ocupado de ellas» (Heb 13.9). La única cosa segura sobre la que debemos establecer nuestros corazones es la *gracia*, y la gracia es la persona misma de nuestro Señor Jesús. La única garantía es la obra consumada de nuestro Señor Jesucristo.

PON TU CONFIANZA EN LA REDENCIÓN, NO EN LA CREACIÓN

Mientras dependamos de nuestra alimentación y ejercicio para mantenernos sanos en lugar de confiar en el Señor, seguiremos dependiendo de la creación (medios naturales) y no de la redención (su obra sobrenatural). Aunque comamos saludablemente y hagamos ejercicio con regularidad, si queremos acceder a la salud sobrenatural, nuestra confianza debe estar en un Dios sobrenatural y en el alimento sobrenatural que nos ha dado.

> **PARA CREAR, DIOS SOLO TUVO QUE HABLAR; PARA REDIMIRNOS, TUVO QUE *SANGRAR*.**

El ser humano tiene montañas de investigaciones dedicadas a la creación y bibliotecas enteras y centros de investigación centrados en el estudio de cuestiones como la formación de la tierra y el origen de la vida. ¿Pero sabes lo que Dios piensa de la creación? Dedicó solo un capítulo de toda la Biblia a hablar de la creación.

Sin embargo, cuando se trata de la redención, Dios dedicó más de diez capítulos solo en Éxodo a los sacrificios de sangre, las ofrendas y el tabernáculo de Moisés porque todos ellos hablan de las glorias y bellezas de su Hijo y de la obra de redención que fue enviado a llevar a cabo.

Para crear, Dios solo tuvo que hablar. Pero, para redimirnos, Dios tuvo que *sangrar*. La redención le costó a Dios mucho más de lo que podríamos imaginar. Si creemos que podemos acudir a la creación para que nos dé salud, ¿sabes lo que estamos diciendo? Si pudiéramos lograr la bendición de la salud con nuestra disciplina y buen hacer, estaríamos diciendo que la cruz fue inútil y los sufrimientos de Jesús fueron en vano. Pero, amigo mío, no es así. No hay esperanza en la creación; ¡solo la hay en la cruz!

LA COMIDA QUE TRAE SALUD Y PLENITUD

Déjame decirte más sobre esta comida y esta bebida sobrenaturales que tenemos que tomar. Son el único alimento que no tiene su base en la creación caída ni depende de los esfuerzos del hombre caído. Cuando comemos y bebemos este alimento sobrenatural, estamos participando de la obra de la redención y no de la creación.

Nuestro Señor Jesús dijo: «Yo soy el pan vivo que bajó del cielo. Si alguno comiere *de este pan*, vivirá para siempre; y el pan que yo daré es *mi carne*, la cual yo daré por la vida del mundo» (Jn 6.51). *Vida* aquí es la palabra griega *zoe*, que es la que se usa en la Septuaginta cuando Dios sopló en Adán y este recibió vida (Gn 2.7). Aunque se refiere a la vida propia de Dios, *zoe* también se refiere a la vida física, la salud, la vitalidad y la integridad.[4] El alimento que Dios nos ha dado no es perecedero, sino un pan *vivo*: Jesús, que vino del cielo y nos fue dado para que tuviéramos vida.

Si te preguntas cómo puede darnos Jesús su carne como comida, no eres el único, porque los judíos que lo escucharon hicieron la misma pregunta (Jn 6.52).

Algunos piensan que Jesús estaba simplemente hablando de creer en él. Pero fíjate en cómo nuestro Señor Jesús continuó diciendo, «Porque mi carne es verdadera comida y mi

> **EL ALIMENTO QUE TENEMOS NO ES PERECEDERO, SINO EL *PAN* VIVO, DADO PARA QUE TENGAMOS VIDA ABUNDANTE.**

sangre es verdadera bebida. El que *come* mi carne y bebe mi sangre, en mí permanece, y yo en él» (Jn 6.55–56).

¿Sabías que aquí se usan dos palabras griegas diferentes para *come*? Cuando Jesús dijo: «Si alguno *come* de este pan, vivirá para siempre» (Jn 6.51), se usó el término griego genérico *phago* para *come*. *Phago* se puede usar en un sentido físico o espiritual, como para alimentarse de Cristo.[5] Pero cuando Jesús dijo, «El que *come* mi carne y bebe mi sangre permanece en mí, y yo en él» (v. 56), la palabra traducida como *comer* es *trogo*, que significa «roer o crujir»[6] como cuando se comen frutos secos.

No es posible espiritualizar el sonido de masticar algo crujiente. Jesús no hablaba aquí de comer o alimentarse espiritualmente. ¡Estaba hablando de comer físicamente, de masticar!

Para entender mejor a qué se refería nuestro Señor, observa lo que dijo la misma noche en que fue traicionado, cuando supo que iba a dar su vida por nosotros:

> Y mientras comían, tomó Jesús el pan, y bendijo, y lo partió, y dio a sus discípulos, y dijo: Tomad, comed; esto es mi cuerpo. Y tomando la copa, y habiendo dado gracias, les dio, diciendo: Bebed de ella todos; porque esto es mi sangre del nuevo pacto, que por muchos es derramada para remisión de los pecados. (Mt 26.26–28)

¿De qué estaba hablando nuestro Señor Jesús cuando partió el pan y se lo dio a sus discípulos, diciendo: «Tomad, comed; esto es mi cuerpo»? ¿Y a qué se refería cuando les dio la copa, diciendo: «esto es mi sangre del nuevo pacto, que por muchos es derramada para remisión de los pecados»? Sí, hablaba de su crucifixión, pero también estaba instituyendo la Santa Cena, una comida física.

La Santa Cena es la manera ordenada por Dios, su sistema de entrega, para que recibamos la inagotable, santa, rejuvenecedora, vencedora y perpetuamente saludable vida que Jesús tiene cuando «comemos su carne y bebemos su sangre». La Biblia nos dice que «toda la gente procuraba tocarle, porque poder salía de él y sanaba a todos» (Lc 6.19). El cuerpo de nuestro Señor Jesús emanaba tal salud, poder y vida divina que con solo tocar el filo de su manto muchos se sanaban (Mr 6.56). ¿Puedes imaginar el poder que estamos ingiriendo cuando compartimos el pan y la copa, su cuerpo partido y su sangre derramada?

VER A JESÚS EN EL PAN DE MATZÁ

El pan que nuestro Señor Jesús habría usado cuando partió el pan la noche de la Pascua y dijo: «Tomad, comed; esto es mi cuerpo que por vosotros es partido» (1 Co 11.24) era pan ácimo judío de matzá. El pan de matzá es un pan plano, parecido a una galleta, preparado especialmente para la Pascua. Quería destacar esto porque hoy la mayoría de nosotros, cuando mencionamos el pan, pensamos en algo suave y esponjoso. Pero Jesús no se refería a este tipo de pan.

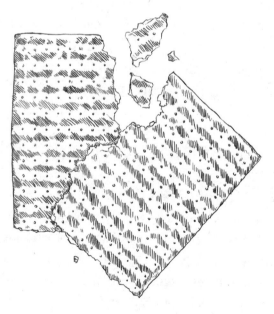

El pan de matzá es un recordatorio práctico y visual
de lo que Jesús sufrió por nuestra sanidad.

Cuando nuestra iglesia era más pequeña, comprábamos pan de matzá y lo partíamos en pedazos para nuestra congregación al tomar la Santa Cena cada semana. Al comer el pan, podíamos oír los crujidos que hacían los demás a nuestro alrededor, y creo que oíamos cómo se cumplía Juan 6.56, ¡oíamos cómo suena el *trogo*!

Los líderes judíos, que ni siquiera creían en Jesús, han transmitido a lo largo de los siglos las instrucciones para hacer el pan de matzá. Si observas la imagen del pan de matzá, en la página anterior, notarás que está rayado, agujereado y quemado.

¿Sabes por qué el pan de matzá se hace de esta manera? Creo que el Señor ordenó que fuera rayado, agujereado y quemado para que cada vez que tomes la Santa Cena recuerdes lo que Jesús pasó por ti:

- *Rayado*, porque por las heridas de los latigazos que le dieron los soldados somos sanados (Is 53.5).
- *Agujereado*, porque sus manos y pies fueron perforados por clavos, su costado fue atravesado por la lanza del soldado (Jn 19.34), y su frente fue perforada por la corona de espinas (Jn 19.2).
- *Quemado*, porque el fuego del juicio de Dios cayó sobre él cuando cargó con nuestros pecados (Is 53.4).

ÉL FUE GOLPEADO Y MOLIDO POR TI

¿Por qué eligió nuestro Señor Jesús el pan y el vino como los elementos que quería que tomáramos «en memoria» de él (1 Co 11.24–25)?

Creo que es porque son recordatorios prácticos y visuales de lo que le pasó cuando fue a la cruz. Tanto el grano como la uva tienen que ser molidos antes de que podamos tener el pan o el vino.

No consigues vino comiendo uvas. Las uvas tienen que ser primero pisadas y aplastadas. Luego se dejan en la oscuridad para que fermenten. Eso es lo que le pasó a nuestro Señor Jesús.

Es importante que discernamos el cuerpo del Señor para nuestra salud. Cada vez que participes de su cuerpo roto comiendo el pan, no lo hagas precipitadamente. Participa de una revelación de lo que él hizo por ti, y medita en el proceso que tuvo que sufrir el pan. En los tiempos de Jesús, para conseguir pan primero había que trillar el trigo. Esto se podía hacer sacudiendo las gavillas (Jue 6.11) o con un trillo (Is 41.15). Cualquiera que fuera el proceso, era violento e implicaba golpear, aplastar y cortar el trigo para separar el grano de la paja. Pero eso no era todo. Para hacer harina, había que moler el grano en una piedra de molino o batirlo en un mortero. Después de eso, había que añadir agua y amasar la harina y luego hacerle agujeros antes de ponerla al fuego.

Todo esto es una imagen de lo que le pasó a nuestro Señor Jesús. Para llegar a ser el Pan de Vida para ti y para mí, fue brutalmente golpeado y molido una y otra vez. Comenzó en el huerto de Getsemaní, cuando llegó una gran multitud con espadas y garrotes para arrestarlo (Mr 14.43). Luego lo ataron y lo llevaron a la casa del sumo sacerdote, donde fue condenado por el sumo sacerdote y el Sanedrín. Se burlaron de él, le escupieron y le golpearon. Le vendaron los ojos y le golpearon en la cara (Lc 22.63–64; Mr 14.65).

> CADA VEZ QUE PARTICIPES DE SU CUERPO PARTIDO, HAZLO CON UNA REVELACIÓN DE LO QUE ÉL HIZO POR TI.

Luego lo llevaron a Poncio Pilato, quien lo mandó azotar brutalmente por los soldados romanos (Mt 27.26). La película *La Pasión de Cristo* intenta describir los sufrimientos de nuestro Señor Jesús. La película recibió críticas porque la gente creía que la escena de la flagelación era demasiado violenta, pero la verdad es que ni siquiera se acercaba a la realidad. La Biblia nos dice que «Tenía el rostro tan desfigurado, que apenas parecía un ser humano, y por su aspecto, no se veía como un hombre» (Is 52.14, NTV). Estaba tan mutilado que ya ni siquiera parecía un hombre, y creo que los presentes tuvieron que mirar hacia otro lado y esconder sus rostros porque no podían soportar mirar su grotesca y estremecedora apariencia (Is 53.3).

Pero su calvario no terminó ahí. Toda una guarnición de soldados se juntó a su alrededor y le pusieron una túnica escarlata en su maltrecho cuerpo. Le hicieron una corona de espinas y se la clavaron en la cabeza. Le pusieron un bastón en la diestra, se inclinaron ante él y se burlaron. Le escupieron, le quitaron el bastón y le golpearon en la cabeza una y otra vez, clavándole las espinas cada vez más con cada golpe. Estaban empeñados en humillarlo al máximo. Leemos que «cuando al fin se cansaron de hacerle burla», lo despojaron de la túnica y le pusieron su ropa de nuevo. Luego lo llevaron a ser crucificado (Mt 27.27–31, NTV).

Nunca podremos imaginar o entender completamente la horrible tortura, la degradante humillación y el dolor tan insoportable que nuestro Salvador soportó por nosotros. ¿Pero sabías que tenía el poder de detener su calvario y derrotar a sus torturadores en cualquier momento? Cuando las tropas vinieron a arrestarlo, dijeron que buscaban a Jesús de Nazaret. La Biblia nos dice que él dio un paso adelante y pronunció el impresionante nombre de Dios que le fue revelado a Moisés: YO SOY (Éx 3.14) y los soldados se echaron atrás y cayeron al suelo (Jn 18.5–6). Eso es poder. Pero *eligió* dar su vida y soportar todo el dolor, por tu sanidad y la mía. ¡Eso es amor!

Nuestro Salvador no quería que fueras salvo tan solo de tus pecados. Si eso fuera todo lo que quería lograr, el derramamiento de su perfecta sangre expiatoria habría sido suficiente. En el Antiguo Testamento, cuando los hijos de Israel llevaban sus animales de sacrificio a los sacerdotes como expiación por sus pecados, los animales nunca sufrían. Los sacrificaban compasivamente usando un método conocido hoy como *shechita* para asegurarse de que murieran rápidamente y sin dolor.[7]

Pero nuestro Señor Jesús no tuvo una muerte rápida e indolora. Sufrió como nadie, pasando por horas y horas de inimaginable tortura antes de morir. Observa este pasaje:

[Cristo] llevó él mismo nuestros pecados en su cuerpo sobre el madero, para que nosotros, estando muertos a los pecados, vivamos a la justicia; y por cuya herida fuisteis sanados. (1 P 2.24)

T. J. McCrossan, un experto en griego, destacó que en el texto original, 1 Pedro 2.24 dice en realidad, «por cuya herida de látigo fuisteis sanados». Explicó que la palabra traducida como *herida de látigo* estaba en singular y no en plural, porque Jesús fue azotado hasta que no quedó ni un solo jirón de piel en su espalda. Su espalda era una herida de látigo sangrante, una gran laceración abierta.[8] Según algunos relatos, los azotes podían ser tan brutales que hasta se podían ver los órganos internos de las víctimas.[9]

Amigo, él te ama mucho. Pasó por toda esa tortura porque era necesario el castigo para tu bienestar y salud, y él permitió que el castigo cayera sobre sí mismo (Is 53.5). Solo con leer esto y saber lo que Jesús hizo por ti, creo que se ha iniciado la sanidad en tu cuerpo. Sea cual sea la enfermedad que te diagnostiquen, Jesús la cargó en su propio cuerpo para que no tuvieras que padecerla. Él lo soportó todo. El dolor más inimaginable, la degradación más absoluta. Y la Biblia nos dice por qué: fue «por el gozo puesto delante de él» (Heb 12.2).

¿El gozo? ¿Qué gozo fue el que le dio tanta fuerza para soportar la cruz?

¡Su amor por ti! Fue la alegría de verte bien, de verte libre de cáncer de páncreas, de leucemia, de artritis reumatoide, de la enfermedad de Lou Gehrig. Sea cual sea la enfermedad que padezcas, Jesús la ha cargado por completo.

> SEA CUAL SEA LA ENFERMEDAD QUE TE DIAGNOSTIQUEN, JESÚS LA CARGÓ EN SU PROPIO CUERPO PARA QUE NO TUVIERAS QUE PADECERLA.

Si estás enfermo y tal vez estás leyendo esto desde tu cama de hospital, di estas palabras: «Gracias, Señor Jesús, tú pasaste por todo eso *por mí*».

EL SIMPLE ACTO DE COMER PUEDE
REVERTIR LA MALDICIÓN

Tal vez estás pensando: *¿Cómo algo tan simple como comer la Santa Cena puede hacer que sane? ¡Me cuesta creerlo!* Déjame hacerte una pregunta: ¿Cómo llegó el pecado al mundo? ¿Cómo llegaron al mundo la muerte, la enfermedad y el dolor?

Fue a través del simple acto de *comer*.

Dios nunca quiso que el hombre envejeciera y enfermara. Dios nunca quiso que el hombre muriera. Fue el pecado de Adán al comer del árbol del conocimiento del bien y del mal lo que trajo la muerte. La Biblia nos dice que «como el pecado entró en el mundo por un hombre, y por el pecado la muerte, así la muerte pasó a todos los hombres, por cuanto todos pecaron» (Ro 5.12). Ese acto particular de Adán de comer causó la caída del hombre y todas las maldiciones que acompañaron a esta. Su acto de comer le dio al mundo un boleto de ida al sufrimiento, la depresión, la enfermedad y la muerte.

Dios odiaba el pecado que estaba destruyendo al hombre. En su gran amor por ti y por mí, Dios envió a su Hijo. Nuestro Señor Jesús se despojó de su deidad y se hizo hombre para poder llevar todos nuestros pecados sobre su propio cuerpo. Y, en la cruz, Dios desató su santo juicio no sobre ti y sobre mí, sino sobre el cuerpo de Jesús.

> LAS ENFERMEDADES Y DOLENCIAS *NO TIENEN DERECHO* A ESTAR EN NUESTROS CUERPOS, ¡PORQUE NUESTRO SEÑOR JESÚS YA HA LLEVADO TODAS LAS ENFERMEDADES EN SU CUERPO!

Gracias a la cruz, podemos acercarnos con confianza a Dios, sabiendo que *todos* nuestros pecados están perdonados. Gracias a la cruz, podemos tener la plena seguridad de que las enfermedades y dolencias no tienen *derecho* a estar en nuestros cuerpos, ¡porque nuestro Señor Jesús ya ha llevado todas las enfermedades en su cuerpo! Nuestro Señor Jesús revirtió toda maldición con su muerte en otro árbol. Hoy podemos recibir todo lo que Jesús hizo en la cruz participando de la Santa Cena, mediante el simple acto de comer.

NO SUBESTIMES EL ACTO DE COMER

Por desgracia, es la misma sencillez de la Santa Cena lo que hace que para muchos sea tan difícil creer en su eficacia. Solo ven un pedacito de pan y una copita de jugo. No pueden imaginar cómo algo tan aparentemente insignificante puede ahuyentar la enfermedad o permitirles tener una larga vida. Después de todo, no es algo fabricado después de años de meticulosa investigación científica en un laboratorio de tecnología punta.

No estoy en contra de la medicina. Si tu doctor te ha recetado unos medicamentos, por favor, sigue tomándolos. Pero, incluso cuando los tomas o te sometes a un tratamiento, tu confianza para sanar puede estar en tu Señor Jesús. Toma la Santa Cena y tómate tu medicación. Las medicinas están hechas por el hombre y vienen con advertencias sobre todos sus posibles efectos secundarios. Pero la Santa Cena nos la dio el mismo Dios, y sus únicos efectos secundarios son que te harás más joven y fuerte cada vez que la tomes.

> INCLUSO CUANDO ESTÉS SIGUIENDO UN TRATAMIENTO MÉDICO, CONFÍA EN TU SEÑOR JESÚS PARA QUE TE SANE.

DIOS USA LO DÉBIL PARA CONFUNDIR A LOS FUERTES

Cuando dejamos de lado los elementos de la Santa Cena porque parecen insignificantes y débiles, estamos olvidando cómo obra Dios. La

Biblia dice: «Dios [...] escogió lo débil del mundo para avergonzar a los poderosos» (1 Co 1.27). Una y otra vez, vemos cómo Dios derrotó a los enemigos de los hijos de Israel no con poderío militar, sino mediante cosas aparentemente insignificantes.

Dios usó una honda y una piedra en la mano de un pastorcillo para derribar a Goliat, el poderoso paladín del ejército filisteo (1 S 17.38–51). Utilizó un martillo y una estaca de tienda de campaña en las manos de una mujer indefensa para destruir a Sísara, el despiadado comandante militar cananeo que había oprimido a los hijos de Israel durante veinte años (Jue 4.3–22). Usó la quijada de un asno en la mano de Sansón, un solo hombre, para matar a mil filisteos (Jue 15.15–16).

Del mismo modo, en la mano, los elementos de la Santa Cena pueden parecer pequeños e intrascendentes. Tu carne puede tratar de decirte: «Qué tontería. ¿Qué poder tiene esta galletita?» o «No te hagas ilusiones. Nada puede ayudarte». Pero no escuches esas mentiras. No cometas el error de despreciar el pan y la copa, porque Dios puede usar algo que parece muy pequeño para destruir completamente enfermedades para las que el mundo no tiene cura.

Cuando una mujer gentil se acercó al Señor Jesús buscando sanidad para su hija endemoniada, él se refirió a la sanidad como «el pan de los hijos». ¿Sabes lo que la mujer le dijo? «Sí, Señor; pero aun los perrillos comen de las migajas que caen de la mesa de sus amos». Jesús le dijo entonces: «Oh mujer, grande es tu fe; hágase contigo como quieres». Y en esa misma hora, su hija se curó (Mt 15.22–28).

¿Qué crees que representa el pan de los hijos que se pone en la «mesa de los amos»? ¡La Santa Cena! Tú y yo nos sentamos a la mesa del Maestro porque somos hijos e hijas del Dios Altísimo, y participamos libremente de la Cena del Señor. Si hasta las «migajas» que cayeron de la mesa pudieron curar a la

> DIOS PUEDE USAR ALGO QUE PARECE MUY PEQUEÑO PARA DESTRUIR ENFERMEDADES PARA LAS QUE EL MUNDO NO TIENE CURA.

hija de la mujer, ¡cuánta más sanidad y vida recibiremos teniendo la sustancia de la Santa Cena!

RECUPERACIÓN SOBRENATURAL DE UNA EMBOLIA

Ya que estamos hablando de cómo podemos tener vida y salud con esta comida, quiero compartir el testimonio de Zach, una persona de Singapur que hace ejercicio casi a diario y que, en sus propias palabras, es «cuidadoso con su dieta»:

> Un día, mientras me preparaba para el trabajo, de repente perdí la fuerza de mi pierna y mi brazo izquierdos. No podía ponerme los pantalones y me apoyé en el armario mientras me deslizaba hasta el suelo. Llamé a mi esposa y le dije que me sentía mal.
>
> Empecé a orar en el Espíritu, clamando a Jesús. Mi esposa también oró y declaró que por las heridas de Jesús soy sanado.
>
> Unos cinco minutos después, recuperé la fuerza en la pierna y el brazo. Me pude levantar, caminé hasta el sofá y me senté. Aunque había recuperado la fuerza en el brazo y la pierna, sentía que no había recuperado mi capacidad motriz.
>
> Mi familia me llevó al hospital, donde me hicieron algunas pruebas. La resonancia magnética mostró que había sufrido un leve accidente cerebrovascular. Se me vino el mundo encima. Me encontré preguntándome, *¿cómo es posible? Hago ejercicio casi a diario y cuido mi dieta.*
>
> Me ingresaron en el hospital; en la puerta de mi habitación había una cruz. Miré a ella y reclamé la obra consumada de Cristo, declaré mi cuerpo sano por su perfecta obra y seguí reclamando la obra consumada de Cristo.
>
> También *tomamos la Santa Cena en familia* y me ungí con aceite. Oré y reclamé las promesas de Dios que tenemos en Salmos 23.4–6.

Al día siguiente, pude notar que mi fuerza y mis capacidades motrices habían vuelto. Cuando el médico vino a examinarme por la mañana, confirmó que había recuperado mis fuerzas hasta un 80–85 % y me envió a fisioterapia. A la tercera mañana, el doctor me examinó y me dijo que podía ser dado de alta, ya que había recuperado el 95 % de mis fuerzas.

En mi revisión de seguimiento, me dieron el visto bueno para volver a mi rutina regular de ejercicio. Poco después, competí en una carrera de 18K y la terminé en poco más de dos horas.

Doy gracias a Dios por mi rápida recuperación y gracias a usted, pastor Prince, por sus enseñanzas sobre tomar la Santa Cena y ungirnos con aceite para curarnos, y por sus mensajes de gracia semana tras semana.

¡Toda mi alabanza para Jesús! Amén.

Zach sufrió un derrame cerebral y tuvo la aterradora experiencia de perder de repente la fuerza en la mitad de su cuerpo. Una embolia cerebral puede llevar a un daño permanente, pero, alabado sea el Señor, Zach se recuperó muy pronto, y creo plenamente que fue gracias a la protección y la sanidad del Señor.

Pero lo que quiero que veas es esto: Zach estaba confundido por haber sufrido una embolia, ya que hacía ejercicio casi a diario y era cuidadoso con su dieta. Al fin de cuentas, Zach no podía depender de su alimentación y ejercicio. Solo podía mirar a la cruz y depender de la obra consumada de Cristo. ¡Y esa es también nuestra única garantía! ¿Viste cómo Zach declaró que su cuerpo estaba sano gracias a la obra perfecta de Jesús (y no por su estilo de vida disciplinado)?

Si te enfrentas a un problema de salud, ¿puedo animarte a hacer lo que hizo Zach? Me alegro por Zach, por su rápida recuperación, pero, por muy grave que sea tu pronóstico, la obra consumada de Cristo sigue ahí. Sigue declarando su Palabra sobre ti y sigue agradeciendo al Señor por sus promesas. Lee para ti las promesas a las que Zach se aferró después de sufrir una embolia:

> Aunque ande en valle de sombra de muerte,
>
> No temeré mal alguno;
>
> Porque tú estarás conmigo;
>
> Tu vara y tu cayado me infundirán aliento.
>
> Aderezas mesa delante de mí en presencia de mis enemigos;
>
> Unges mi cabeza con aceite;
>
> Mi copa está rebosando.
>
> Ciertamente el bien y la misericordia me seguirán
>
> Todos los días de mi vida. (Sal 23.4–6)

Debes saber que, aunque andes por un valle oscuro y la sombra de la muerte se cierna sobre ti, no debes temer, porque el Señor está *contigo*.

Observa cómo el Señor prepara mesa delante de ti en presencia de tus enemigos. Fíjate en que el Señor prepara una mesa delante de ti *en presencia* (no en ausencia) de tus enemigos. El apóstol Pablo se refirió a la Santa Cena como «la mesa del Señor» (1 Co 10.21). Eso significa que, aunque tengas los síntomas e incluso esté ahí el dolor, el Señor quiere que vengas a su mesa y comas. Come todo lo que nuestro Señor Jesús ha hecho por ti en la cruz participando de la Santa Cena. Su cuerpo fue partido para que el tuyo estuviera entero.

Nuestra naturaleza humana nos hace celebrar y festejar solo *después de* ver que nuestros problemas se han resuelto y nuestros enemigos ya no están. Pero eso no es lo que Dios quiere. Él te ama mucho y ahora mismo te dice: «Descansa. Siéntate. Come. Porque yo pelearé tu batalla. ¡Yo derrotaré a tus enemigos!». Con cada mordisco, cuando comas, verás cómo te vuelves más fuerte, de una manera sobrenatural. Mira cómo se deshace el tumor. Mira cómo fluye su salud en tu cuerpo.

> **NO TEMAS, PORQUE EL SEÑOR ESTÁ CONTIGO.**

No tengas miedo de tus enemigos. Pueden estar a tu alrededor, pero puedes comer de la Mesa del Señor con alegría, sabiendo que, *con toda seguridad*, la bondad y la misericordia y su amor infalible te siguen ¡todos los días de tu vida! Si buscas la palabra hebrea para *seguir* en Salmos 23.6, verás que es *radaph*, y *radaph* significa «perseguir, cazar o seguir».[10] Mira cómo la bondad y el amor de tu padre Dios te persiguen dondequiera que vayas. Incluso si tienes que someterte a una cirugía, a quimioterapia o a un trasplante de órganos, él está ahí contigo. En el quirófano, allí está él. En la unidad de cuidados intensivos, allí está él. No temas. ¡Él está contigo, y tus enemigos *no* tienen *poder* sobre ti!

3.

NINGUNO DÉBIL NI ENFERMO

Creo que, a medida que profundizas en la comprensión del poder sanador de la Santa Cena, se amplía tu fe para recibir todo lo que el Señor tiene para ti. A medida que aumenta tu revelación, la fe le sigue. La fe no es una lucha. Cuanto más contemples a Jesús, más fe tendrás. Ahora mismo, oro para que tu visión de Jesús y todo lo que él ha hecho por ti en la cruz se amplíe aún más mientras te revelo algunas verdades bellas y poderosas de la comida de la Pascua que sé que fortalecerán tu fe para recibir tu sanidad. Te sorprenderá descubrir que la comida de Pascua que los hijos de Israel tuvieron en Egipto era figura de nuestra Santa Cena de hoy, y ambas señalan a la obra consumada en la cruz.

RECORDAR LA PRIMERA PASCUA

Cuando hace unos años estuve en Israel con algunos de mis pastores, un querido amigo me invitó a unirme a su familia para celebrar la Pascua judía. Ellos son creyentes mesiánicos completamente transformados por el evangelio de la gracia, y fue un gran privilegio para mis pastores y para mí participar de la cena de Pascua con ellos. El hecho de estar en Israel lo hacía aún más especial para mí, y recuerdo con gran aprecio el tiempo íntimo que tuvimos como familia de creyentes.

Durante la comida de Pascua, lo que me llamó la atención fue la pregunta que los niños sentados a la mesa le hicieron a los mayores: «¿Por qué esta noche es diferente de todas las demás?». Seguían una tradición oral del pueblo judío, transmitida de generación en generación. Más importante aún, esta pregunta daba a los mayores la oportunidad de compartir con la siguiente generación cómo el Señor había liberado a los hijos de Israel de la esclavitud y la servidumbre.

CUANTO MÁS CONTEMPLES A JESÚS, MÁS FE TENDRÁS.

Los mayores les contaron a los niños todos los juicios contra Egipto que sus antepasados habían presenciado, desde las ranas que salieron de todos los ríos, estanques y arroyos para cubrir la tierra de Egipto, hasta el polvo que se convirtió en piojos e infestaba a los egipcios, y las nubes de langostas que asolaron la tierra, devorando todas sus cosechas. Puedes imaginar las expresiones de asombro y las miradas de admiración en los rostros de los niños cuando escuchaban el plan de rescate del Señor para liberar a su pueblo cuando el faraón se negó reiteradamente a liberarlos (Éx 7—11).

Los ancianos les contaron a los niños cómo el Señor había dado a los israelitas instrucciones para elegir un cordero sin defecto para cada hogar. El *cuerpo* del cordero debía asarse y comerse con pan ácimo y hierbas amargas, mientras que su *sangre* había que untarla en el dintel y en los dos postes de sus casas (Éx 12.22). Le he pedido a mi equipo que prepare la imagen de la página siguiente, que muestra cómo los israelitas habrían aplicado la sangre. ¿Ves cómo la aplicación de la sangre según las instrucciones habría formado una cruz?

Los mayores contaron cómo el ángel de la muerte recorrió todo Egipto a medianoche, y cómo se oyeron los gritos de sus opresores egipcios por todo el país cuando murieron todos los primogénitos, incluido el del poderoso faraón.

*Aplicando la sangre del cordero en el dintel y dos postes de la puerta
(ilustración superior) se habría formado una cruz (ilustración inferior).*

Los niños escucharon cómo, mientras esto sucedía, sus ancestros se juntaron en sus casas. Algunos estaban emocionados y expectantes, pues sabían que esta era la noche en que por fin serían liberados de años de aplastante esclavitud, mientras que otros estaban aterrorizados de que el destructor también atacara sus casas. Pero, independientemente de cómo se sintieran, la muerte *pasaba* de largo de sus casas si estaba la sangre del cordero en sus puertas y dinteles. Esa misma noche, el faraón cesó en su obstinada presión sobre los hijos de Israel, y comenzaron su éxodo de la tierra de Egipto. Eran libres.

SOMBRA FRENTE A SUSTANCIA

Cada año, los judíos de todo el mundo siguen representando cómo el Señor los rescató con gran poder durante la noche de la primera Pascua, participando de una comida preparada minuciosamente y observando ciertas tradiciones. ¿Pero sabes qué? La Pascua era solo una *imagen* de lo que nuestro Señor Jesús lograría en la cruz cuando liberó a la humanidad de la esclavitud de un faraón mayor: ¡Satanás mismo!

Lo que tenían los hijos de Israel era solo la sombra. Lo que tenemos bajo el nuevo pacto inaugurado por su sangre derramada es la *sustancia*. No fue una coincidencia que nuestro Señor Jesús instituyera la Santa Cena la misma noche que celebró la Pascua (Mt 26.17–29; Mr 14.12–25; Lc 22.7–20). El apóstol Pablo se refirió a él como «Cristo, nuestro Cordero Pascual» (1 Co 5.7, NTV) porque su sacrificio en la cruz era el cumplimiento y la plenitud de la Pascua que los hijos de Israel habían estado celebrando por generaciones.

«¿POR QUÉ ESTA NOCHE ES DIFERENTE DE TODAS LAS DEMÁS?»

Mencioné anteriormente que, cada año, durante las celebraciones de la Pascua, los niños preguntan a sus mayores: «¿Por qué esta noche es diferente de todas las demás?».

Cuando participes de la Santa Cena, hazte la misma pregunta: *¿Por qué esta noche es diferente de todas las demás?*

Puede que no sea de noche cuando tomes la Santa Cena, pero al tomarla recuerdas lo que pasó cuando nuestro Señor Jesús fue clavado en la cruz, suspendido entre el cielo y la tierra, y rechazado por el hombre y por Dios. Cuando Jesús nació, la medianoche se hizo mediodía cuando los ángeles llenaron el cielo y la gloria de Dios resplandeció por todas partes (Lc 2.8–11). Pero, mientras Jesús estaba colgado en la cruz por ti y por mí, el mediodía se convirtió en medianoche y las tinieblas cubrieron la tierra (Mt 27.45). Aunque estés pasando por un período de oscuridad, anímate. Tu Salvador atravesó la oscuridad para que siempre puedas estar de pie en su maravillosa luz (1 P 2.9) y ver cómo se alza el Sol de Justicia con sanidad en sus alas (Mal 4.2).

Gracias a lo que sucedió ese día en la cruz, puedes confiar en Dios para liberarte de la enfermedad que te tiene encadenado. Puedes recibir gratuitamente las bendiciones de la vida abundante, la salud y la fuerza. Puedes descansar en saber que has sido marcado y cubierto por la sangre de su protección y ninguna plaga puede acercarse a tu morada. Puedes estar seguro de que el mismo Dios que liberó a toda una nación de la opresión lucha *por ti*. Y, si Dios está de tu lado, ¡ninguna enfermedad, ningún virus o problema de salud puede prevalecer contra ti (Ro 8.31)!

> EN TU OSCURA SITUACIÓN, CONTEMPLA CÓMO SE LEVANTA EL SOL DE JUSTICIA CON SANIDAD EN SUS ALAS.

SANADO POR PARTICIPAR DEL CORDERO

¿Sabes lo que pasó cuando los hijos de Israel comieron el cordero de la Pascua? Dios liberó a los israelitas de una severa opresión y los libró de su cautiverio. Pero no solo eso. También «los sacó con plata y oro, y *no hubo en sus tribus enfermo*» (Sal 105.37).

Éxodo 12.37 dice que la noche del éxodo salieron de Egipto unos seiscientos mil hombres. Pero, si incluimos a las mujeres y los niños, los expertos estiman que esa noche fueron liberados entre dos y tres millones de israelitas.[1]

¡De estos, ninguno, ni uno solo, salió débil!

Ni un enfermo, nadie que anduviera tambaleándose, ni uno que careciera de fuerza o tuviera problemas de movilidad a pesar de los años de duro y severo trabajo que tuvieron que soportar por imposición de sus amos (Éx 1.13–14). A diferencia de lo que muestran algunas interpretaciones cinematográficas del éxodo, nadie salió de Egipto en camilla ni cojeando. ¡Mi Biblia dice que no había *ninguno enfermo*!

Por cierto, no hay que estar enfermo para disfrutar de los beneficios de la Santa Cena. Aunque te encuentres bien, puedes creer en una mayor medida de salud. Tanto si estás tomando la Santa Cena para sanar tu cuerpo como si estás simplemente creyendo para tener nuevas fuerzas, quiero que veas que puedes creer en recibir salud sobrenatural como los hijos de Israel que comieron del cordero pascual. Los que estaban enfermos salieron curados. Los que estaban débiles salieron fuertes. ¡Y los que eran fuertes salieron aún más fuertes!

DURANTE LA PASCUA SE IMPARTIÓ SALUD SOBRENATURAL

Quiero que pienses en el trabajo agotador que los israelitas se vieron obligados a hacer y en los golpes y azotes que sufrieron, por no hablar de la desnutrición por la mala dieta que probablemente tuvieron que seguir y por las terribles condiciones de vida que debieron enfrentar.

¿Crees que, de manera natural, cada uno de los esclavos de esta nación podría estar completamente fuerte y saludable? Por supuesto que no. Y, entre tantos de ellos, seguro que también habría habido esclavos ancianos. Entonces, ¿cómo es posible que la Biblia diga que no hubo ninguno enfermo entre ellos?

Yo te digo que algo les pasó a sus cuerpos la noche de la Pascua al comer del cordero asado.

Creo que muchos de ellos *estaban* débiles y enfermos antes de la noche de la Pascua. Pero ocurrió *algo* que revirtió todos los efectos de las lesiones por estrés de repetición, de las tensiones musculares y de ligamentos, de las lesiones de incapacidad laboral, de los problemas de la edad y de las enfermedades infecciosas que podrían haber asolado a los israelitas por las condiciones en que vivían. *Algo* sucedió esa noche que hizo que estuvieran saludables de una manera sobrenatural. Los hijos de Israel se llenaron de fuerza divina para el viaje que Dios sabía que sería largo, y creo que se rejuvenecieron como el águila (Sal 103.5; Is 40.31).

Si eso pudo ser así para los hijos de Israel cuando todo lo que tenían era un cordero natural (la sombra del verdadero Cordero de Dios que tú y yo tenemos), ¿*cuánto más* deberíamos ver nuestros cuerpos sanados, nuestra fuerza rejuvenecida y nuestras flaquezas revertidas cuando participamos de la Santa Cena? Tenemos al *verdadero* Cordero de Dios, la *sustancia* y la *realidad* de la sombra en la que creían los israelitas. ¡*Cuánto más* deberíamos no tener a nadie débil ni enfermo entre nosotros!

Puede que hoy no tengas cadenas físicas que te aten ni látigos de brutales capataces para hacerte trabajar. Pero tal vez no seas ajeno a un dolor crónico que te ha atado durante años. Tal vez te has visto atormentado por síntomas recurrentes que te han dejado un dolor constante. Al participar en la Santa Cena, contémplate participando de Jesús, el verdadero Cordero de Pascua. Aunque no veas resultados inmediatos, sigue haciéndolo. Al participar, debes saber que tu libertad está cerca. Al participar, debes saber que te estás haciendo más fuerte y saludable.

> **TU LIBERTAD ESTÁ AL ALCANCE DE TU MANO. A MEDIDA QUE TOMAS LA SANTA CENA, TE VUELVES MÁS FUERTE Y SALUDABLE.**

ESPALDA CURADA INMEDIATAMENTE DESPUÉS DE RECIBIR LA SANTA CENA

Dalene, una dama de Pennsylvania, experimentó el poder curativo del verdadero Cordero de Dios al participar de la Santa Cena. Le pido a Dios que su testimonio te anime:

El miércoles, en el trabajo, me dolía mucho la espalda y sentía náuseas. Me fui a casa y dormí el resto de la tarde y toda la noche hasta la mañana siguiente.

Me desperté y todavía me dolía la espalda, así que vi su video sobre la Santa Cena. Así vi edificada mi fe con la confianza en que el cuerpo de Jesús ya cargó con la angustia y el dolor.

Mientras tomaba la Santa Cena, vi a Jesús dándome el pan, diciéndome: «Esto es mi cuerpo». Lo comí y visualicé la transformación en mi cuerpo mientras recibía su sanidad. Reflexioné en que, si un cordero asado podía dar fuerzas y energía a Israel, cuánto más el Cordero de Dios sanaría a una hija de Dios. Mi espalda se curó inmediatamente, se fue la angustia y fui restaurada. ¡Gloria a Dios!

El mensaje de gracia ha transformado mi vida en prácticamente todas las áreas. Muchas gracias por predicar su mensaje.

¡Alabado sea el Señor!

Por cierto, ¿me permites subrayar que Dalene estaba viendo un video que enseñaba sobre la Santa Cena *antes* de participar de ella? Si estás confiando en Dios para la sanidad, quiero animarte a hacer lo mismo que Dalene: escuchar la enseñanza sobre la Santa Cena antes de tomarla. Mientras escuchas o ves, que se edifique tu fe para recibir *todo* lo que el Señor ha hecho por ti, y que también experimentes la sanidad y la liberación de toda angustia.

PERDONADO, HECHO JUSTO Y PROTEGIDO POR SU SANGRE

Antes de la Pascua, Dios dijo a los hijos de Israel: «*Cuando yo vea la sangre*, pasaré de largo. Esa plaga de muerte no los tocará a ustedes cuando yo hiera la tierra de Egipto» (Éx 12.13, NTV).

Es probable que sientas ansiedad porque los médicos han detectado algunas anomalías en tu reciente revisión médica. O tal vez algunos de tus parientes han caído en una determinada enfermedad y temes ser el siguiente.

Amigo mío, quiero que sepas *que no tienes que tener miedo*.

Entre los hijos de Israel, aquellos que estaban temblando en sus casas cuando el ángel de la muerte pasó por el país, temían sin tener por qué hacerlo. Podrían haberse ahorrado las lágrimas y la ansiedad no solo porque estas no les ayudaban en nada, sino porque ya tenían la sangre del cordero en los postes de sus puertas. Se salvaron de la destrucción no por ser israelitas, por su buen comportamiento ni por nada que hubieran hecho. Se salvaron solo por una cosa: la sangre del cordero. De la misma manera, *tú* has sido salvado por la sangre del Cordero. Si eres creyente, puedes poner tu confianza en la sangre aplicada en los dinteles de tu vida. ¡Descansa en el Cordero!

Además, el cordero que murió por ti en el Calvario no era un cordero cualquiera. Era el verdadero Cordero de Dios, que quita el pecado del mundo (Jn 1.29). La sangre que se derramó por ti no era la sangre de un cordero natural, sino la sangre real que fluye por las venas de Emanuel. La cruz trasciende el tiempo, y ese día su sangre te limpió de *todo* pecado pasado, presente y futuro. Estás completamente perdonado no por tus buenas acciones, sino por su sangre (Ef 1.7).

Deja de considerarte no cualificado para su sanidad por los fracasos de tu vida. Deja de creer las mentiras del enemigo de que no mereces ser sanado por culpa de tus errores o porque no has ido lo suficiente a la iglesia. Cuando Dios te mira, no te ve en tus fracasos y debilidades. Solo ve a su Hijo porque tú estás *en Cristo*. Por estar en Cristo, eres completamente acepto en el Amado (Ef 1.6), y *ya* eres bendecido con toda bendición espiritual (Ef 1.3). Esto significa que, aunque tu cuerpo tenga síntomas, Dios te ve como sanado. Cada vez que participes de la Santa Cena, empieza a verte como te ve Dios. Considérate curado, completo y lleno de fuerza y vida divinas.

Cada vez que participes de la copa del nuevo pacto en su sangre (1 Co 11.25), debes saber que la sangre de Jesús «habla mejor» bajo el nuevo pacto que la sangre de Abel (Heb 12.24). La sangre de Abel había clamado por venganza (Gn 4.10). La sangre de Jesús clama por tu redención (Ef 1.7; 1 P 1.18–19), tu justificación (Ro 5.9), tu victoria sobre el enemigo (Ap 12.11), ¡y mucho más!

LA SANGRE DE JESÚS CLAMA POR TU VICTORIA SOBRE EL ENEMIGO.

Por la sangre de Jesús, Dios te imputó justicia en el momento en que aceptaste a Jesús como tu Señor y Salvador. No hay ningún muro de separación entre tú y Dios (Ef 2.13). Puedes presentarte confiadamente ante Dios. Puedes acercarte a él para hallar socorro en tu momento de necesidad (Heb 4.16; 10.19–22). Sean cuales sean los desafíos a los que te enfrentes, ya sea en lo que respecta a tu salud, tus emociones, tus finanzas o tus relaciones, no tienes que manejarlos solo. El Creador del cielo y la tierra te llama hijo suyo y precioso (Jn 1:12; 1 Jn 3.1). ¡Corre hacia él!

Y, si la sangre de un animal pudo proteger a los hijos de Israel de la plaga, ¿*cuánto más* la sangre santa y sin pecado del Hijo de Dios te protegerá de la destrucción y también de cualquier enfermedad? No estoy diciendo que como creyente nunca te enfermarás. Por desgracia, vivimos en un mundo caído. Pero, si caes enfermo, tienes el derecho, comprado con sangre, de declarar que, por las heridas que tu Salvador sufrió, estás sanado. Tienes el derecho comprado con sangre de reclamar como porción tuya la salud y la plenitud.

CÓMO PARTICIPAR DEL CORDERO

¿No te encanta contemplar a Jesús en la Pascua? De verdad, creo que, cuanto más lo contemples en la Pascua, más experimentarás sanidad y liberación. No te limites a hojear el libro de Éxodo y verlo como un registro histórico de algo que ocurrió hace unos miles de años. Me encantan los pequeños detalles que el Espíritu Santo dejó escritos, y creo que, cuando te tomes el tiempo de buscar en las Escrituras, los ojos de tu entendimiento se abrirán y verás revelaciones de Jesús que nunca habías visto.

Por ejemplo, mira las instrucciones de Dios sobre *cómo* debían los israelitas comer el cordero de la Pascua:

> Y aquella noche comerán la carne asada al fuego, y panes sin levadura; con hierbas amargas lo comerán. Ninguna cosa comeréis de él cruda, ni cocida en agua, sino asada al fuego; su cabeza con sus pies y sus entrañas. (Éx 12.8–9)

A los hijos de Israel se les dijo que *no* comieran el cordero de Pascua *crudo*.

¿Cómo se aplica esto a nosotros? Cuando participamos de la Santa Cena, no deberíamos centrarnos en la vida de nuestro Señor Jesús en crudo, antes de haber sido «quemada» por el fuego del juicio de Dios en la cruz. No deberíamos verlo como un bebé en un pesebre o como se narra en los Evangelios *antes* de la cruz. Tampoco deberías ver a Jesús como un simple líder moral o un gran maestro.

TIENES EL DERECHO COMPRADO CON SANGRE DE RECLAMAR COMO PORCIÓN TUYA LA SALUD Y LA PLENITUD.

Sí, él es el más excelente expositor de las Escrituras, ya que es su autor. Pero no es solo un maestro, es Dios encarnado. Él es Emanuel, Dios con nosotros. Y sí, vivió una vida perfecta, pero no fue su vida perfecta la que nos salvó. Fue su sacrificio y muerte en la cruz. En otras palabras, necesitamos verlo «asado en el fuego». Eso es lo que tenemos que meditar cuando tomamos la Santa Cena.

OBSERVA CÓMO JESÚS SUFRIÓ EN TU LUGAR

También se dijo a los hijos de Israel que no comieran ninguna parte del cordero «cocida en agua» (Éx 12.9).

Creo que esto significa que no debemos diluir ni limpiar lo que Jesús hizo por nosotros en la cruz. Muchas películas y cuadros tradicionales de Jesús en la cruz lo representan con un aspecto muy limpio, con pequeñas heridas y solo unas pocas gotas de sangre.

> **CUANDO PARTICIPES DE LA SANTA CENA, MEDITA EN SU SACRIFICIO Y SU MUERTE EN LA CRUZ.**

Pero eso no es en absoluto lo que le pasó a nuestro Señor Jesús, y esas imágenes encubren lo que sufrió por ti y por mí. Debido a los azotes y golpes que sufrió, la Biblia dice que en la cruz el rostro de Jesús era irreconocible. Su apariencia estaba más estropeada que la de cualquier otro (Is 52.14), hasta el punto de que no había belleza en él (Is 53.2).

No hay película que puede representar el aspecto real de Jesús en la cruz. Nadie puede ni siquiera hacerse una idea. Cuando tomas la Santa Cena, imagina a Jesús en la cruz y recuerda cómo sufrió por tu perdón y tu salud. Recuerda cómo fue destrozado y desfigurado para que tú pudieras ser glorioso en todos los sentidos.

JESÚS CARGÓ CON EL FUEGO DEL JUICIO DE DIOS

Dios también les dijo a los hijos de Israel que comieran el cordero «asado al fuego». Esa es una imagen del fuego del juicio de Dios sobre Cristo. La próxima vez que participes de la Santa Cena, la próxima vez que tengas el pan en la mano, contempla su cuerpo quemado y herido con nuestras enfermedades en la cruz, y a Dios desatando su venganza santa y su justa ira contra nuestros pecados en el cuerpo de su Hijo. El pecado tenía que ser castigado, y Jesús lo tomó todo sobre sí mismo, para que tú y yo no tengamos que soportar el castigo.

En la cruz, Jesús no solo *tomó* nuestros pecados; *fue hecho* pecado para que nosotros pudiéramos ser justicia de Dios en él (2 Co 5.21). También tomó nuestras enfermedades y las cargó en su cuerpo (Is 53.4; Mt 8.17). Cada tumor, cada bulto canceroso, cada deformidad, cada artritis reumatoide, cada tipo de enfermedad, él lo cargo sobre sí en la cruz.

> JESÚS SE SOMETIÓ AL JUICIO DE DIOS PARA QUE, COMO CREYENTES, TÚ Y YO NUNCA TENGAMOS QUE HACERLO.

Y mientras Jesús colgaba de la cruz, gritó: «¡Tengo sed!» (Jn 19.28). ¿Sabes por qué tenía sed? Porque el fuego de la santa venganza y la justa indignación de Dios cayó sobre él. Él se sometió al juicio de Dios, para que tú y yo *nunca* caigamos bajo la ira de Dios (Ro 5.9–11). Como nuestros pecados ya han sido castigados en el cuerpo de nuestro sustituto, sería injusto que Dios castigara los mismos pecados dos veces. Hoy, la santidad y la justicia de Dios están de nuestro lado, demandando nuestra justificación, nuestro perdón, nuestra sanidad y nuestra liberación.

PARTICIPAR ESPERANDO LA LIBERACIÓN FÍSICA

También me encanta que Dios les dijera a los hijos de Israel que participaran del cordero de la Pascua de esta manera:

> Y lo comeréis así: ceñidos vuestros lomos, vuestro calzado en vuestros pies, y vuestro bordón en vuestra mano. (Éx 12.11)

¿Por qué tenían que comer con los cinturones puestos, las sandalias calzadas y el bastón en la mano? Dios les estaba diciendo que estuvieran *listos* para su liberación *física* incluso mientras comían el cordero asado.

De la misma manera, cuando participamos de la Cena del Señor, hagámoslo con fe y esperanza. Participemos esperando que suceda nuestro milagro, esperando nuestra liberación. Así lo hicieron los israelitas, y salieron sin nadie enfermo ni débil. Quiero ver que eso sea así para mi iglesia y para todos ustedes. Es posible que aún no hayamos llegado al punto de poder decir que no tenemos a nadie débil ni enfermo, pero creo que estamos en camino.

Incluso si tienes un problema de salud o un dolor físico, participa de la Cena del Señor por fe, dando gracias de que *ya* estás sanado, esperando ver la plena manifestación de tu sanidad. Creo que cada vez que participamos en la Cena del Señor nos estamos volviendo más saludables, ¡más y más fuertes!

PREPÁRATE PARA UN NUEVO COMIENZO

Si estás pensando: *Ya intenté participar de la Santa Cena antes, pero no funcionó*, tengo una palabra para ti.

> CUANDO PARTICIPAS POR FE DE LA CENA DEL SEÑOR, ESPERA VER LA PLENA MANIFESTACIÓN DE TU SANIDAD.

Hay un enemigo que quiere mantenerte esclavizado a ese problema de salud en tu vida. El enemigo quiere dejarte en un lugar de desesperación y mantenerte tan concentrado en tus decepciones que no puedas hacerte con las promesas de Dios. Eso es lo que les hizo a los hijos de Israel. Cuando Moisés les dijo a los israelitas que Dios los rescataría de su esclavitud, la Biblia cuenta que «ellos no quisieron escucharlo más porque estaban demasiado desalentados por la brutalidad de su esclavitud» (Éx 6.6–9, NTV).

Pero ya conoces la historia. Dios no los abandonó, aunque se negaron a escuchar. Sabía que se encontraban en un estado de desesperación porque habían sufrido bajo el yugo de la esclavitud por mucho tiempo. ¿Quieres saber qué hicieron los hijos de Israel que causó que Dios los rescatara tan poderosamente? Quiero que leas esto:

> Los hijos de Israel gemían a causa de la servidumbre, y clamaron; y subió a Dios el clamor de ellos con motivo de su servidumbre. Y oyó Dios el gemido de ellos, y se acordó de su pacto con Abraham, Isaac y Jacob. (Éx 2.23–24)

Los hijos de Israel estaban tan oprimidos que lo único que podían hacer era gemir. No les quedaba nada ni para articular una oración. Y la Biblia nos dice que *oyó Dios el gemido de ellos* y recordó su pacto con Abraham, Isaac y Jacob.

Te cuento esto porque quiero que sepas que *no* necesitas elaborar impresionantes declaraciones de fe ni hacer algo por Dios antes de que él te oiga. Un simple gemido llegará al trono. Un simple suspiro tuyo llegará al salón del trono de tu Abba en el cielo. Si un simple gemido de los hijos de Israel podía activar el pacto que Dios había cortado con sus antepasados, ¡cuánto más lograría tu clamor, oh hijo del Altísimo!

Tal vez ese problema de salud te ha encadenado por tanto tiempo que te has dicho a ti mismo que dejes de esperar, porque, si no te ilusionas, al menos no te decepcionarás de nuevo. Tal vez piensas que no estás cualificado para orar porque no tienes «suficiente fe». Es posible que hayas oído que tienes que orar sin dudar en tu corazón (Mr 11.23), pero no puedes evitar sentir miedo al enfrentarte al tamaño del tumor, o a lo mucho que se ha extendido la enfermedad, o a tu bajo nivel de plaquetas.

UN SIMPLE GEMIDO LLEGARÁ AL TRONO.

Así que has dejado de orar. Dejaste de tener esperanza. Dejaste de creer.

Si algo de lo que he dicho te suena muy familiar, ¿me permites invitarte a que le des otra oportunidad al Señor?

Cuando Dios les enseñó a los israelitas a celebrar la primera Pascua, dijo: «Este mes os será principio de los meses» (Éx 12.2). Esto habla de un nuevo comienzo.

Tal vez nunca tuviste una revelación de cuánto sufrió el Señor Jesús para pagar por tu sanidad. Tal vez nunca supiste cuánto poder hay en la Santa Cena. Pero oro para que, mientras sigues leyendo este libro, los ojos de tu entendimiento se abran a la grandeza de su poder para contigo, y sepas que el mismo poder que levantó a Cristo de entre los muertos obra para ti (Ef 1.18–20).

> **EL MISMO PODER QUE LEVANTÓ A CRISTO DE ENTRE LOS MUERTOS OBRA PARA TI.**

Hoy quiero animarte a dar un paso de fe. Que este día sea el comienzo de tus días. Cuando pones tu confianza en el Cordero que fue sacrificado por ti, estás dando un paso hacia un nuevo comienzo. Olvida las cosas de antes. Olvida los fracasos y decepciones del pasado.

Quiero invitarte a que vuelvas a poner tu fe en aquel que dio su vida por ti. Toma el pan y di: «Gracias, Señor Jesús. Diste tu cuerpo para ser partido, para que el mío estuviera completo. Por las heridas de tu espalda, veo mi cuerpo sanado de la cabeza a los pies».

Toma la copa y di: «Señor Jesús, gracias por tu preciosa sangre que me ha limpiado de todo pecado. Hoy participo de toda la herencia de los justos, que incluye protección, sanidad, integridad y provisión».

Al venir a la Mesa del Señor, confía en que experimentarás lo que los israelitas experimentaron después de comer el cordero asado y salir sin nadie débil y sin nadie enfermo. Amigo mío, creo contigo en un nuevo comienzo. El enemigo quiere mantenerte atado, ¡pero el Señor quiere liberarte!

4.

A TU FAVOR, NO EN TU CONTRA

He compartido contigo algunas verdades que pido a Dios que estén ardiendo en tu corazón ahora mismo. Pero quizás te preguntes si la enfermedad con la que estás luchando es de alguna manera de Dios. Tal vez pienses que te está castigando por algo que hiciste y que hay una lección que quiere que aprendas.

Si has creído alguna de esas mentiras, has caído presa de Satanás, que es el gran engañador y padre de mentira (Ap 12.9; Jn 8.44). Su *modus operandi* es engañarte, y su estrategia maestra es convencerte de que la enfermedad viene en realidad de Dios. Quiero que tengas la plena certeza de que tu Padre celestial te ama y quiere tu bien. No desea que tu vida se acorte por la enfermedad, y *nunca* es su plan que tú o tus seres queridos sufran alguna enfermedad o dolencia.

> NUNCA ES SU PLAN QUE TÚ O TUS SERES QUERIDOS SUFRAN ALGUNA ENFERMEDAD O DOLENCIA.

DIOS NO QUIERE DESTRUIRTE

Quiero que quede muy claro: hay un enemigo que quiere destruirte. Nuestro Señor Jesús dijo: «El ladrón no viene sino para hurtar y matar y destruir» (Jn 10.10). Satanás es un homicida (Jn 8:44) y un ladrón que quiere robarte. Cuando Satanás engañó a Adán y Eva en el jardín del Edén, el pecado entró en el mundo. Pero el hombre no solo perdió su posición de justicia. También perdimos nuestra relación con Dios y la confianza en lo que siente en su corazón por nosotros. Entraron el miedo y la condenación, robándonos nuestra fe y nuestra confianza en un Dios bueno.

Y, así como Satanás les robó a Adán y Eva, quiere robarte tu salud, tu juventud y tu alegría. Quiere destruir cada sueño que has acariciado y arrancarte del brazo de las personas de tu vida. Quiere matarte porque sabe que hay un llamado y un propósito en tu vida que solo tú puedes cumplir, y busca todas las formas de acabar contigo.

Cada vez que veas que te roban a ti o a tus seres queridos, ya sea salud, finanzas o relaciones familiares, Dios *nunca* está detrás de eso. El hombre fue creado para disfrutar de todo lo que Dios ha proporcionado, y eso incluye la salud. Nuestro Señor Jesús dijo:

> «Yo he venido para que tengan vida, y para que la tengan en abundancia». (Jn 10:10)

¿Puedes ver que su corazón quiere lo mejor para ti? El ladrón viene a robar, matar y destruir, pero nuestro Señor Jesús vino a *darte* vida y no solo vida, ¡sino «vida en abundancia»! Cuando Jesús dijo esto, no se refería simplemente a la vida biológica. La palabra griega utilizada aquí para *vida* es *zoe*, y se refiere a la forma más alta de vida, la vida que vive Dios.[1] Él no quiere que simplemente sigas respirando. Dios desea mucho más para ti, y vino a darte una calidad de vida propia de Dios mismo, una vida que está más allá de la vida humana ordinaria.

¡JESÚS VINO A DARTE NO SOLO VIDA, SINO VIDA EN ABUNDANCIA!

Si te han dicho que morirás joven o que no te queda mucho tiempo de vida, quiero que sepas que no tienes que aceptar el diagnóstico. Gracias a Dios por los médicos que han dedicado sus vidas a aliviar el dolor y el sufrimiento, pero, con el debido respeto, los médicos no tienen la última palabra en nuestra vida, la tiene el Dios todopoderoso.

Él es el Alfa y la Omega, el primero y el último (Ap 22.13). Él puede anular cualquier diagnóstico negativo, cualquier informe mortal, y eso es lo que ha prometido en su Palabra:

«*Lo saciaré de larga vida*, y le mostraré mi salvación». (Sal 91.16)

Dios no tiene en el corazón que mueras joven, ni que vivas una vida larga pero miserable. Él desea que vivas una vida larga y satisfactoria llena de su bondad, plenitud y paz. Si no estás satisfecho con la duración actual de tu vida, díselo. Por cierto, cuando Dios declaró: «Lo saciaré con larga vida, y le mostraré mi salvación», la palabra hebrea para *salvación* es aquí *yeshúa*,[2] y ese es el nombre de Jesús. Dios te satisfará con una vida larga y plena en la que caminarás con todas las bendiciones de salud, plenitud y provisión que tienes en Cristo. Sean cuales sean tus circunstancias aparentes, mantente firme en sus promesas.

> DIOS DESEA QUE VIVAS UNA VIDA LARGA Y SATISFACTORIA LLENA DE SU BONDAD, PLENITUD Y PAZ.

JESÚS REVELÓ LO QUE EL PADRE SIENTE POR TI Y TIENE PARA TI

¿Cómo sabes que es la voluntad de Dios sanarte? Simplemente mira lo que Jesús hizo durante su ministerio terrenal. Cuando miramos a Jesús, vemos lo que hay en el corazón de nuestro Padre celestial por nosotros, como dijo Jesús: «El que me ha visto a mí, ha visto al Padre» (Jn 14.9).

A lo largo de los Evangelios, ¿qué vemos hacer a Jesús sin cesar?

Y recorrió Jesús toda Galilea, enseñando en las sinagogas de ellos, y predicando el evangelio del reino, y sanando toda enfermedad y toda dolencia en el pueblo. Y se difundió su fama por toda Siria; y le trajeron todos los que tenían dolencias, los afligidos por diversas enfermedades y tormentos, los endemoniados, lunáticos y paralíticos; y los sanó. (Mt 4.23–24)

Y se le acercó mucha gente que traía consigo a cojos, ciegos, mudos, mancos, y otros muchos enfermos; y los pusieron a los pies de Jesús, y los sanó. (Mt 15:30)

Al ponerse el sol, todos los que tenían enfermos de diversas enfermedades los traían a él; y él, poniendo las manos sobre cada uno de ellos, los sanaba. (Lc 4.40)

Una y otra vez, la Biblia narra cómo nuestro Señor Jesús «anduvo haciendo bienes y sanando *a todos* los oprimidos por el diablo» (Hch 10.38). Hacía que los cojos anduvieran y los ciegos vieran. Abría los oídos sordos. Limpiaba a los leprosos. Incluso resucitaba muertos.

¿Y sabes qué dijo nuestro Señor Jesús sobre todo lo que hacía? Esto es lo que dijo: «Las palabras que yo les comunico, no las hablo como cosa mía, sino que es el Padre, que está en mí, el que realiza sus obras» (Jn 14:10, NVI).

> **ES EL DESEO DE TU PADRE CELESTIAL QUE SEAS COMPLETAMENTE SANADO DE TODA ENFERMEDAD.**

Jesús dijo que era *el Padre* quien hacía (a través de él) maravillosos milagros de sanidad por donde iba. ¿Ves cómo es el verdadero deseo de tu Padre celestial que seas completamente sanado de toda enfermedad?

Es probable que el diablo le robara al hombre la confianza en un Dios bueno, pero, cuando vino Jesús, no solo restauró la imagen de un Dios bueno, sino que también nos reveló a un Dios que es un Padre amoroso.

TU PADRE TE QUIERE SANADO

Como padre, siempre me duele ver enfermos a mis hijos. Mi primogénita, Jessica, ya es mayor, pero recuerdo que me rompía el corazón verla llorar cuando era una bebé y tenía una fiebre vírica. Recuerdo que la acunaba en mis brazos y oraba por ella dando paseos por su cuarto toda la noche. Mientras ella estaba enferma, yo no podía descansar.

Le limpiaba su cuerpo enfebrecido una y otra vez con una esponja. Le cantaba para intentar calmarla. Odiaba la fiebre que hacía que mi bebé tuviera convulsiones de dolor. Habría hecho lo que fuera para aliviar su malestar. Si pudiera haberle quitado la fiebre y pasármela a mi cuerpo para que ella no tuviera que sufrir ese dolor, lo habría hecho de buena gana.

Lo que siento cuando mis hijos están enfermos es solo un reflejo diminuto de lo que nuestro Padre celestial siente por nosotros cuando estamos enfermos. Él quiere que rebosemos de salud y vida. Dios odia las enfermedades por lo que nos hacen. Pero la diferencia es esta: Dios pudo tomar nuestras enfermedades y ponerlas en el cuerpo de Jesús mientras colgaba de la cruz, para que nosotros no tuviéramos que padecerlas. La Biblia nos dice:

> Él mismo tomó nuestras enfermedades, y llevó nuestras dolencias.
> (Mt 8.17)

¿Por qué hizo eso nuestro Señor Jesús? Porque nos ama mucho. No podía descansar hasta haber asegurado nuestra salvación, nuestra salud y nuestra plenitud. Por fin, cuando había cargado todo pecado, enfermedad y dolencia sobre su cuerpo, gritó: «¡Consumado es!» (Jn 19.30) y descansó.

ÉL TE SANA GRATUITAMENTE

Isaías 53.5 nos dice que por las heridas de Jesús somos sanados. Cada laceración que sufrió cuando fue azotado era para nuestra sanidad. Y estuvo dispuesto a permitir que, latigazo tras latigazo, su cuerpo se desgarrara para que tú y yo pudiéramos estar bien. Nunca creas la mentira del enemigo de que Dios te quiere enfermo o de que no está dispuesto a curarte. En la cruz, nuestro Señor Jesús demostró de una vez por todas que desea tu bien.

La Biblia incluso nos dice que «formaba parte del buen plan del Señor aplastarlo» (Is 53.10, NTV). Yo solía preguntarme cómo pudo haber planeado el Señor aplastar a su propio hijo. Entonces, un día, el Señor me lo mostró.

Mi esposa, Wendy, y yo habíamos ido a un centro comercial y el estacionamiento más cercano que encontramos estaba bastante lejos. Hicimos muchas compras ese día y, antes de darnos cuenta, teníamos las manos llenas de bolsas. Para entonces, mi Jessica, que era un querubín de dos añitos, estaba cansada y quería que la llevaran en brazos. La cargué con un brazo, y estaba tan agotada que se durmió en mi hombro casi de inmediato.

> CADA LACERACIÓN QUE SUFRIÓ FUE PARA NUESTRA SANIDAD.

Mientras caminábamos hacia el coche, sentí que se me dormía el brazo y me di cuenta de que el auto estaba mucho más lejos de lo que pensaba. Sentí como si un millón de alfileres y agujas estuvieran perforando mi brazo, y sabía que podía detener ese agudo dolor simplemente bajando a Jessica y haciéndola andar el resto del camino. Pero ella estaba durmiendo tan profundamente que no podía soportar la idea de bajarla. La amaba tanto que estaba dispuesto a «aplastar» mi brazo para que mi pequeña pudiera seguir durmiendo.

De repente empecé a entender cómo podía estar en el buen plan de Dios aplastar a Jesús, que se describe en el mismo capítulo como «el brazo de Jehová» (Is 53.1). El Señor vio bien aplastar a su único Hijo por su gran amor por ti y por mí. Era la única manera en que Dios podía salvarnos del pecado y la enfermedad, y eligió voluntariamente entregar a su Hijo.

Hoy puedes tener la seguridad de que Dios quiere sanarte. La Biblia nos dice:

El que no escatimó ni a su propio Hijo, sino que lo entregó por todos nosotros, ¿cómo no habrá de darnos generosamente, junto con él, todas las cosas? (Ro 8.32, NVI)

Dios ya nos dio lo mejor del cielo cuando nos dio a su querido Jesús. ¿Qué son nuestras necesidades temporales cuando ya nos ha dado un regalo que es eterno? Sean cuales sean tus necesidades, ya sean de provisión financiera o de sanidad para tu cuerpo, todas son minucias comparadas con el don de su Hijo. ¿Cómo no va a dártelas también gratuitamente? Dios no te negará su poder de sanidad. De hecho, ya ha pagado el precio de tu sanidad. A ti te corresponde seguir creyendo y confiando hasta que veas la plena manifestación de tu sanidad.

NUNCA ES LA VOLUNTAD DE DIOS QUE TE ENFERMES

Dios es un Dios bueno, y nos ama muchísimo. Por eso no puedo entender por qué hay quienes enseñan que Dios a veces usa la enfermedad para enseñarnos una lección o que necesitamos «orar mucho» para sanarla. ¿Puedes imaginarte a un padre cualquiera infligiendo sufrimiento a su propio hijo? ¿Acaso tienen que convencerte para aliviar el dolor de tu hijo? Incluso hay personas que afirman que a veces es la voluntad de Dios que estemos enfermos. Pero, cuando sus propios hijos se enferman, hacen todo lo que está a su alcance para asegurar su recuperación. Si realmente fuera la voluntad de Dios que estuviéramos enfermos, ¡procurar la recuperación sería tratar de salirnos de la voluntad de Dios!

> ÉL YA HA PAGADO EL PRECIO. A TI TE CORRESPONDE SEGUIR CREYENDO HASTA QUE VEAS LA PLENA MANIFESTACIÓN DE TU SANIDAD.

Si los padres terrenales e imperfectos quieren lo mejor para sus hijos, ¿cuánto más nuestro Padre celestial? Nos quiere fuertes, bien, y disfrutando de la vida. Nuestro Señor Jesús lo dijo así: «Pues si vosotros, siendo malos, sabéis dar buenas dádivas a vuestros hijos, ¿cuánto más vuestro Padre que está en los cielos dará buenas cosas a los que le pidan?» (Mt 7.11).

Nunca verás a Jesús mirando a una persona y diciendo: «Ven aquí. Estás demasiado sano. Toma algo de lepra». Nunca verás a Jesús diciendo: «Mi Padre te está castigando, por eso estás enfermo». ¿Sabes por qué? Porque Dios *no* da enfermedades y dolencias.

> **DEJA DE CREER QUE LA ENFERMEDAD ES PARTE DE LA VOLUNTAD DE DIOS. ¡DIOS QUIERE QUE ESTÉS BIEN!**

Jesús nos enseñó a orar: «Hágase tu voluntad, como en el cielo, así también en la tierra» (Mt 6.10). ¿Crees que hay muerte o deterioro en el cielo? ¿Acaso hay hospitales o cementerios en el cielo? Si la enfermedad, la dolencia y la muerte fueran la voluntad de Dios, el cielo estaría lleno de ellas. Pero sabemos que no lo son. Así que dejemos de creer que la enfermedad es parte de la voluntad de Dios. Si tienes un problema de salud, que esta verdad arda en tu corazón ahora mismo: *¡Dios quiere que estés bien!*

NIÑO CURADO DE ESCOLIOSIS

Quiero compartir contigo un precioso testimonio de Caleb, un padre de Texas que le escribió a mi equipo:

A mi hijo menor le diagnosticaron escoliosis. Su radiografía revelaba una curva de diecisiete grados en su columna. Al recibir la noticia, el miedo, la duda, la ira, la tristeza, la preocupación y el sentimiento de condena comenzaron a instalarse en nuestros corazones. También nos preocupaban las posibles discapacidades y cirugías en su futuro.

Como pastor, me encontré luchando con mis creencias cristianas. Sin embargo, pude sentir el amoroso abrazo del Señor y la paz mientras oraba por mi hijo. Mi iglesia también oró por él, y creímos que el Señor podía y quería sanarlo.

El doctor lo remitió a un hospital pediátrico y concertó una cita. Por fe, decidimos ir a la cita para confirmar que la sanidad ya había comenzado. A pesar de que la duda, el sentimiento de condena y el miedo habían entrado en nuestros corazones, seguimos declarando la obra consumada de la cruz y seguimos tomando la Santa Cena.

Durante la cita, el doctor examinó a mi hijo y le hizo más radiografías. Luego dijo: «¡Tengo buenas noticias para ustedes!» y nos mostró la radiografía, donde ya *no* había rastros de escoliosis. La columna vertebral de nuestro hijo se había enderezado. ¡El Señor lo había curado! ¡Hay victoria y poder en la cruz!

Ahora entregamos una copia del libro del pastor Prince *El poder de creer correctamente* a todos los nuevos miembros de nuestra iglesia. Creemos que cuando nos llenamos con la buena noticia del evangelio suceden milagros.

Realmente me identifiqué con el dolor de Caleb cuando describió los sentimientos que tuvo al escuchar el diagnóstico de escoliosis para su hijo. Creo que todos los padres sensibles estarían preocupados si a su hijo se le diagnosticara una enfermedad que podría llevar a una discapacidad permanente. Todo padre quiere que su hijo esté bien y que disfrute de una vida de calidad, y eso es también lo que desea nuestro Padre celestial para nosotros.

A pesar de sus temores e incertidumbres, Caleb hizo lo mejor posible por su hijo. Siguió declarando la obra consumada de la cruz, y siguió tomando la Santa Cena.

> TU PADRE CELESTIAL QUIERE QUE ESTÉS BIEN Y QUE DISFRUTES DE UNA VIDA DE CALIDAD.

Y así, sin que sucediera nada espectacular, sin ninguna voz que saliera del cielo, y sin ninguna demostración de poder que sacudiera la tierra, su hijo fue sanado.

Caleb, al mirar de nuevo las radiografías de tu hijo con una columna perfectamente sana y normal, comparto tu alegría. Gracias por enviarme no solo tu testimonio escrito, sino también copias de las radiografías de tu hijo cuando le diagnosticaron escoliosis y de después, con su columna vertebral enderezada. El enemigo trató de destruir a tu hijo, pero el Señor lo curó completamente. Le pido al Señor que, en los días que tiene por delante, él lo use poderosamente como testimonio de su poder de sanidad y traiga ánimo a muchos.

ESTEMOS ARRAIGADOS EN SU AMOR

Amigo mío, si has recibido un diagnóstico negativo, es natural que tengas miedo. Caleb sintió miedo, duda, ira, tristeza, preocupación y condena, e incluso tuvo «luchas con sus creencias cristianas». El Señor no espera que nunca seas sacudido. Pero, en medio de tu torbellino de emociones, mantén tus ojos en Jesús y, como Caleb, sigue declarando su obra consumada sobre tu situación.

> MANTÉN TUS OJOS EN JESÚS Y SIGUE DECLARANDO SU OBRA CONSUMADA SOBRE TU SITUACIÓN.

Tal vez ahora mismo estés enojado con Dios por permitir que arraigue una enfermedad en el cuerpo de un ser querido. Tal vez te sientes impotente porque te parece que estás al margen y no hay nada que puedas hacer para aliviar el sufrimiento. O quizás estás tú mismo confinado a una cama de hospital, aterrorizado. Cada vez que te llevan a hacerte otra exploración, no sabes lo que los médicos encontrarán y clamas: «Dios, ¿por qué me está pasando esto? ¿Dónde estás?».

Cuando contemplas los síntomas en tu cuerpo o en el de tu ser querido, cuando parece que has orado con todo tu corazón y aun así la enfermedad sigue, sé que es difícil creer que Dios puede sanar. O tal vez crees que puede, pero dudas que quiera hacerlo. Quizás has perdido la esperanza porque piensas que, si quisiera curarte a ti o a tu ser querido, ya lo habría hecho.

Si así es como te sientes ahora, te animo a que *te alimentes de su amor por ti*. Las dudas pueden estar gritando tan fuerte en tu mente que incluso te resulta difícil seguir creyendo en él. Pero le pido a Dios que puedas tener una nueva visión de la anchura y longitud y profundidad y altura del amor de tu Salvador por ti (Ef 3.18–19). Oro para que, aunque tu mente no pueda entenderlo, tu corazón se arraigue y se cimente en su amor por ti. Cuando estés tan cimentado en su amor, lo verás obrar mucho más abundantemente de lo que pides o entiendes (Ef 3.20).

> **CUANDO ESTÉS CIMENTADO EN SU AMOR, LO VERÁS OBRAR MUCHO MÁS ABUNDANTEMENTE DE LO QUE PUEDAS PEDIR O PENSAR.**

No permitas que el enemigo zarandee tu fe. No permitas que el enemigo te venda más mentiras. Es un enemigo derrotado y, cualquier mal que haya querido hacerte, Dios lo cambiará para tu bien y para su gloria. La Palabra de Dios declara que «*ninguna arma forjada contra ti prosperará*» (Is 54.17). Aunque el enemigo haya forjado alguna arma de enfermedad contra ti, tú cree que no tiene poder para prosperar y prevalecer contra ti.

Tienes un Padre celestial que te ama tanto que entregó a su propio Hijo por ti. El diablo quiere que te desilusiones y te alejes de Dios, pero, amigo mío, *ahora* más que nunca es el momento de volverte hacia él. Este es el momento en que necesitas confiar en tu Salvador. ¡Ahora es el momento de asumir tu autoridad como hijo del Dios Altísimo y reclamar todas las promesas de salud y larga vida que Jesús te dio con su muerte!

5.

NO HAY LUGAR PARA EL TEMOR

A lo largo de los años, ministrando a personas preciosas, he visto cómo puede entrar el miedo cuando a alguien se le diagnostica una enfermedad o cuando los seres queridos desarrollan enfermedades graves. Si conoces a alguien que esté experimentando esto, puedes animarlo con este versículo de 2 Timoteo, que declara que «no nos ha dado Dios un espíritu de cobardía, sino de poder, de amor y de dominio propio» (2 Ti 1.7). Gracias a lo que Jesús hizo en la cruz, no tenemos que seguir estando aprensivos, sino que podemos confiar en que el Señor nos lleve a un punto en que no haya sitio para el miedo en nuestro corazón, seguros de que su perfecto amor echa fuera todo temor (1 Jn 4.18).

> SU PERFECTO AMOR ECHA FUERA DE NUESTRO CORAZÓN TODO TEMOR.

Entiendo que descubrir que tú o tu ser querido tienen una enfermedad puede asustarte. Quizás acabas de descubrir en tu cuerpo un bulto que antes no tenías, o ya no puedes ignorar los síntomas preocupantes como el dolor constante, la visión borrosa que sigues experimentando, o las náuseas que te han estado viniendo. Tal vez hayas perdido el control de tus pensamientos y no puedes evitar imaginar lo peor mientras esperas los resultados de otra ronda de resonancias magnéticas, análisis de sangre u otras pruebas que no entiendes.

Quizás ya te han dado un diagnóstico y es peor de lo que habías imaginado. Ahora te sientes como si no pudieras respirar, e intentas no entrar en pánico, pero es muy difícil. Las preguntas siguen rondando por tu mente y no tienes respuestas, solo más preguntas.

¿Y si tengo la misma enfermedad de la que murió mi madre?

¿Cómo voy a pagar el tratamiento?

¿Quién va a cuidar de mis hijos?

¿Cuánto tiempo me queda?

Si sigo con ese tratamiento, ¿qué me va a pasar? ¿Perderé todo mi cabello? ¿Volveré a ser la misma?

¿Por qué? ¿Por qué a mí?

Puede que incluso tengas amigos y familiares que intentan asegurarte que las cosas irán bien, pero sus palabras te suenan huecas. ¿Cómo van a entenderlo? ¿Cómo pueden decir que las cosas estarán bien? No son ellos los que luchan por recordar hasta el nombre de su hijo. No es a ellos a los que van a abrir. No son ellos los que serán atravesados por la radiación. No son ellos los que tienen que ver impotentes cómo se llevan a su hijo en silla de ruedas para otra cirugía.

¿Cómo pueden decirte que no te preocupes y que tengas fe cuando no tienen ni idea de lo que es quedarte sin aire por el escalofriante temor de recibir otro diagnóstico negativo después de orar y creer que al final habrá buenas noticias? ¿Cómo pueden decirte que no tengas miedo cuando no saben lo que es tener que pasar por otro ciclo de quimioterapia o descubrir que estás perdiendo tanta fuerza que tienes problemas hasta para sentarte?

TUS SÍNTOMAS SON REALES. PERO EL PODER DE DIOS ES AÚN MÁS REAL.

El miedo puede aplastarte como un tsunami. Puede paralizarte. Puede ponerte furioso. Enojado con la vida. Con Dios. Con todos.

Es probable que sepas exactamente lo que quiero decir.

Si es así, ¿puedo pedirte que sigas leyendo? Creo que el Señor tiene una palabra para ti.

PON LA MIRADA EN LAS PROMESAS DE DIOS, NO EN LA ENFERMEDAD

El tumor, la máquina de diálisis y la vía de alimentación son reales. Pero es muy importante que sepas esto: el poder de Dios es aún *más* real.

¿Sabes lo que pasa si sostienes una moneda de diez centavos y te la acercas a un ojo dejando el otro cerrado? Esa pequeña moneda de diez centavos parece tan grande que puede impedirte ver nada más. Mientras mantengas el foco puesto en esa moneda de diez centavos, estarás cegado. Eso, amigo mío, es lo que el enemigo está tratando de hacerte en este momento.

El enemigo quiere que te concentres en la enfermedad, en el devastador informe médico, en el incesante zumbido de los monitores de tu alrededor y en el olor aséptico de la habitación del hospital. Quiere que estés totalmente obsesionado con los miedos y preguntas que siguen gritando en tu mente. Mientras todo lo que puedes ver sea tu dolor, tu miedo, tu decepción y tu sufrimiento, él juega con ventaja.

> MIENTRAS SOLO PUEDAS VER TU DOLOR Y SUFRIMIENTO, EL ENEMIGO JUEGA CON VENTAJA.

¿Y sabes por qué el enemigo está empeñado en mantenerte absorto en el problema que estás enfrentando? Porque teme que veas que él ya ha sido derrotado.

La Biblia nos dice que, en la cruz, nuestro Señor Jesús despojó a todos los principados y potestades, los exhibió públicamente y triunfó sobre ellos (Col 2.15). El enemigo ha sido desarmado. Ha sido despojado de sus armas (esto incluye todo tipo de enfermedades y dolencias) contra ti. ¡No tienes que tenerle miedo, hijo del Altísimo!

El diablo seguirá intentando engañarte y distraerte de esta verdad. Seguirá intentando que te concentres en lo temporal, en las cosas visibles de tu alrededor. No quiere que veas las cosas que son eternas, como los ángeles que tienen órdenes de vigilarte y guardarte en todos tus caminos (Sal 91.11). Como la Palabra de Dios que nunca pasará (Mt 24.35) y declara que por sus heridas *has sido sanado* (Is 53.5).

> **EL ENEMIGO HA SIDO DESARMADO. ¡NO TIENES QUE TENERLE MIEDO, HIJO DEL ALTÍSIMO!**

MÁS CONTIGO QUE CONTRA TI

La Biblia narra lo que sucedió cuando los enemigos de Israel trataron de capturar al profeta Eliseo cuando estaba en la ciudad de Dotán. Durante la noche llegó un gran ejército con caballos y carros y rodeó la ciudad. Cuando el siervo de Eliseo se despertó, se desesperó y exclamó: «¿Qué haremos?» (2 R 6.14–15).

Permíteme invitarte a leer lo que pasó después

Él [Eliseo] le dijo: *No tengas miedo, porque más son los que están con nosotros que los que están con ellos.* Y oró Eliseo, y dijo: Te ruego, oh Jehová, que abras sus ojos para que vea. Entonces Jehová abrió los ojos del criado, y miró; y he aquí que el monte estaba lleno de gente de a caballo, y de carros de fuego alrededor de Eliseo. (2 R 6.16–17)

Quizás se parezca a lo que es un ejército de síntomas, diagnósticos negativos, o incluso la deuda financiera que te ha rodeado. Pero, amado, no temas, porque los que están *contigo* son *muchos más* que los que están con ellos.

En este momento, ruego al Señor que abra tus ojos para que puedas ver las legiones de ángeles que tienes a tu alrededor. Aparta los ojos de tus enemigos. La capacidad de tus enemigos para herirte no es *nada* comparada con la grandeza de tu Dios y su poder para salvarte. Aparta tus ojos del enemigo para poder ver la grandeza del poder de Dios para contigo. El mismo poder que levantó a nuestro Señor Jesús de la tumba, el mismo poder que lo sentó a la diestra de Dios en los lugares celestiales, muy por encima de todo principado, autoridad, poder y señorío, y de todo nombre que se nombra, no solo en este siglo, sino también en el venidero (Ef 1.19–21) ¡es el poder que está obrando *por* ti y por tu ser querido!

> LA CAPACIDAD DE TUS ENEMIGOS PARA HACERTE DAÑO NO ES *NADA* COMPARADA CON EL PODER DE DIOS PARA SALVARTE.

¿El virus del papiloma humano es un nombre? ¿La meningitis bacteriana es un nombre? ¿La enfermedad de Parkinson es un nombre? Entonces tienes que someterlos a Jesús, que está sentado a la diestra del Padre, muy por encima de las enfermedades. Y como él es, así eres tú en este mundo (1 Jn 4.17).

CÓMO ECHAR FUERA TODO TEMOR

Mientras esperas el veredicto del doctor sobre la naturaleza de las células que vio en tu exploración, o mientras miras la masa oscura de tu radiografía, no puedes evitar una gran inquietud. Intentas decirte que no tengas miedo, pero parece que no puedes dejar de temer. ¿Sabes por qué? Porque tu salida del miedo no es algo que puedas razonar. El miedo no es lógico.

La única manera de sacar el miedo de tu vida es echarlo fuera, y la Biblia nos dice cómo:

En el amor no hay temor, sino que *el perfecto amor echa fuera el temor*; porque el temor lleva en sí castigo. (1 Jn 4.18)

> **EXPONIÉNDOTE AL PERFECTO AMOR DE DIOS, ECHAS FUERA EL TEMOR.**

Exponiéndote al perfecto amor de Dios, echas fuera el temor. Sigue permitiendo que su amor te inunde y expulse todo temor. La Biblia habla de mantenernos en el amor de Dios (Jud 1.21, NVI). En lugar de centrarte en el dolor de tu cuerpo o en la enfermedad que hace sufrir a tu ser querido, mantente en su amor. Pon tu mente en el infalible, inagotable y perfecto amor de tu Padre celestial.

Tienes un Dios que te ama tanto que dio a su Hijo para que muriera en la cruz por ti. Por eso, amigo mío, puedes siempre tener la seguridad de que él te ama. La Biblia define así su amor por nosotros:

> Dios mostró cuánto nos ama al enviar a su único Hijo al mundo, para que tengamos vida eterna por medio de él. En esto consiste el amor verdadero: no en que nosotros hayamos amado a Dios, sino en que él nos amó a nosotros y envió a su Hijo como sacrificio para quitar nuestros pecados. (1 Jn 4.9–10, NTV)

La cruz es la prueba eterna del amor de Dios por ti. La cruz es la medida de cuánto te ama. Nunca juzgues su amor basándote en tus circunstancias. El diablo puede atacar tus circunstancias, pero nunca puede atacar la cruz. Aparta los ojos de tus circunstancias y ponlos en la cruz. ¡Ahí es donde se mostró de una vez para siempre el amor de Dios por ti!

CÓMO MANTENERTE EN SU PERFECTO AMOR

Sé que puede ser muy difícil *sentir* el amor de Dios por ti cuando te enfrentas a múltiples síntomas físicos, a deudas médicas crecientes y a inquietudes por tu futuro. Vivimos en un mundo en que nos gobiernan nuestros cinco sentidos, y la verdad es que a veces es difícil creer en el amor de alguien a quien no podemos ver, tocar ni oír. Pero no podemos depender de los sentimientos y las circunstancias externas (que pueden cambiar) para estar seguros del amor de Dios por nosotros. Es muy importante que fijemos nuestros ojos en nuestro Señor Jesús, cuyo amor por nosotros es perfecto, inmutable e infalible.

> **NUNCA JUZGUES EL AMOR DE DIOS POR TI BASÁNDOTE EN TUS CIRCUNSTANCIAS.**

¿Me permites compartir contigo algunas de las cosas que puedes hacer y que creo que te ayudarán a mantenerte en su amor?

En lugar de permitir que el enemigo te alimente con mentiras que te atemoricen, ¿me dejas animarte a seguir escuchando mensajes que te mantengan en la consciencia del amor de Dios por ti? Abraza su amor para echar fuera todo temor. Cada vez que el enemigo intente atacarte con temor, conéctate con un sermón que magnifique la bondad del Señor y su amor por ti. En lugar de ceder a los ardides del enemigo, sigue escuchando sermones sobre la obra consumada de Jesús.

Siempre que el miedo trate de acercarse sigilosamente a ti, ve a un lugar tranquilo y medita sobre cuánto te ama el Señor a la vez que tomas la Santa Cena. Habla con tu Salvador y, al levantar el pan, dile: «Señor Jesús, gracias porque me amaste tanto que permitiste que tu cuerpo fuera partido para que el mío estuviera entero. Ahora mismo, recibo tu plenitud, tu fuerza y tu salud divina». Al levantar la copa, di: «Gracias por tu preciosa sangre, que me ha limpiado de todo pecado. En este momento, puedo venir confiadamente a tu trono de gracia, consciente de que soy completamente justo, ¡y de que mis oraciones sirven de mucho!».

Cuando participas de la Santa Cena, estás «proclamando la muerte del Señor» (1 Co 11.26) y recordándoles al diablo y a sus secuaces su humillante derrota en la cruz (Col 2.15). Le estás proclamando al enemigo que *no* tiene derecho a poner síntomas o enfermedades en tu cuerpo porque tu Señor Jesús ya cargó con todas las enfermedades y dolores en su propio cuerpo.

En lugar de leer artículos en Internet sobre lo grave que puede llegar a ser tu enfermedad, o de releer tu diagnóstico una y otra vez, lee textos de alabanza sobre el amor y la fidelidad del Señor.[1] Lee pasajes bíblicos sobre su amor y sus promesas de sanidad. Refúgiate en la Palabra de Dios y mantente en su amor.

> **REFÚGIATE EN LA PALABRA DE DIOS Y MANTENTE EN SU AMOR.**

La Biblia nos dice: «Y nosotros hemos *conocido y creído* el amor que Dios tiene para con nosotros. Dios es amor, y *el que permanece en el amor, permanece en Dios*, y Dios en él» (1 Jn 4.16). No basta con saber versículos *sobre* su amor. Sigue meditando en ellos hasta que *creas* que él te ama. Cuando nos mantenemos conscientes del amor de Dios por nosotros, estamos permaneciendo en Dios. En otras palabras, lo convertimos en nuestra morada. Hay un gran poder en que el Señor sea tu morada, estás en un lugar de seguridad y protección.

Lee Salmos 91 y declara sobre ti mismo que no te sobrevendrá ningún mal ni ninguna plaga tocará tu morada. Cuando permaneces en él, el Dios Todopoderoso se convierte en tu refugio y fortaleza. No importa cuánta gente haya muerto por la enfermedad que te han diagnosticado. Caerán a tu lado mil, y diez mil a tu diestra; mas a ti no llegará (Sal 91.7). Y, aunque ya te encuentres en problemas, el Señor está contigo y te librará.

FIJA TUS OJOS EN AQUEL CUYO AMOR PERDURA PARA SIEMPRE

Dedica tiempo a adorar al Señor, *en especial* cuando sientas que las probabilidades están en tu contra. Haz lo que hizo el rey Josafat cuando sus enemigos se juntaron y reunieron un gran ejército para destruir Israel. Según la lógica, Josafat sabía que Israel no tenía posibilidad de ganar la batalla. Pero eligió hacer algo que tú y yo debemos aprender cuando nos asedian nuestros enemigos. Clamó al Señor, diciendo: «¡No sabemos qué hacer! ¡En ti hemos puesto nuestra esperanza!» (2 Cr 20.12, NVI). Josafat no puso comandos militares, sino adoradores, a la cabeza de su ejército, y esto es lo que cantaron: «Den gracias al SEÑOR; *su gran amor perdura para siempre*» (2 Cr 20.21, NVI).

En lugar de desesperarse por sus enemigos, decidieron fijar sus ojos en el Señor, dándole gracias y cantando de su amor. Esto sucedió mucho antes de la cruz de Jesús. ¡Cuánto más podemos tú y yo cantar de su gran amor que nunca falla, que perdura para siempre!

¿Y sabes lo que pasó? El Señor derrotó a los enemigos de Israel volviéndolos unos contra otros, y las tropas de Josafat no tuvieron que levantar ni un dedo para luchar. Más bien, cuando aparecieron en el campo de batalla previsto, sus enemigos ya estaban muertos, y al final lo único que hicieron fue recoger su botín de equipamientos, ropas y objetos de valor. De hecho, la Biblia cuenta que hubo tanto botín que pasaron tres días recogiéndolo. Este es un relato muy poderoso, espero que leas tú mismo los detalles en 2 Crónicas 20.1–30.

> **EL SEÑOR MISMO PELEARÁ TU BATALLA.**

En el nombre de Jesús, que así te suceda a ti también. Cuando estés abrumado por los problemas y no sepas qué hacer o ni siquiera cómo sentirte, clama al Señor y dile: «Señor, no sé qué hacer, pero en ti he puesto mi esperanza». Esa es la postura más poderosa que puedes adoptar, con los ojos puestos no en tus enemigos, sino en tu Salvador. Mientras pones tu mirada en su amor que perdura para siempre, el Señor mismo peleará tu batalla por ti (2 Cr 20.15). ¡Quiera Dios que estés tan consciente de su perfecto amor que todo temor sea echado fuera de tu vida, y que salgas mucho más fuerte de lo que eras antes de que tus enemigos intentaran ir contra ti!

EL AMOR DE DIOS NO DEJA LUGAR PARA EL TEMOR

Tu Padre celestial se preocupa por cada detalle de tu vida. No hay nada demasiado grande ni demasiado pequeño para él. Ya sea un simple absceso o algo que crece en tu cuerpo de manera inquietante, si a ti te importa, a tu Papá Dios también. Nuestro Señor Jesús nos dice: «*Pues aun los cabellos de vuestra cabeza están todos contados*. No temáis, pues» (Lc 12.7). Me parece tan asombroso... ¡tu Abba te ama tanto que se toma el tiempo de contar los pelos de tu cabeza!

> A ÉL LE IMPORTA HASTA EL MÁS PEQUEÑO DETALLE DE TU CUERPO.

Yo amo mucho a mi hija Jessica y a mi hijo Justin, pero nunca he contado ni anotado cuántos cabellos tienen en la cabeza. Según parece, la mayoría de las personas tiene un promedio de unos cien mil folículos capilares y pierde entre cincuenta y cien cabellos cada día.[2] Así que, aunque intentara contar cuántos pelos tienen mis hijos, la cifra cambiaría constantemente. Pero el Señor conoce exactamente cuántos cabellos hay en cada una de nuestras cabezas en cualquier momento.

¿Cuánto más crees que le importa cuando una enfermedad ataca tu cuerpo y te roba la salud? Amado, él te ama muchísimo, y le importan cada una de tus células, cada tejido y cada órgano de tu cuerpo. No temas, porque el Señor mismo, el que alimenta a las aves del cielo y viste las flores del campo, cuida de ti (Mt 6.25–33). Cada vez que tengas miedo, acude a su perfecto amor que echa fuera todo temor.

DIOS DESEA QUE PROSPERES Y TENGAS SALUD

Mientras escribo este libro, el Señor me ha hablado con fuerza sobre la sanidad. Me ha llevado a leer un versículo que creo que expresa

claramente su voluntad para nosotros. Lo escribió el discípulo a quien
Jesús amaba, aquel que estuvo presente mientras Jesús iba sanando a
todos los que se acercaban a él, el discípulo que se recostó en el pecho
de Jesús y conoció el latido de su amor:

> Amado, yo deseo que tú seas prosperado en todas las cosas, *y que
> tengas salud*, así como prospera tu alma. (3 Jn 2)

Esto es lo que quiero que veas: Juan le estaba escribiendo a su querido Gayo, un creyente. Sabía que el alma de Gayo ya estaba siendo
prosperada. Si has invitado a Jesús a tu corazón para que sea tu Señor
y Salvador, has recibido el regalo de la vida eterna y puedes tener la
plena seguridad de que el cielo es tu hogar (Ro 10.9–11). Sean cuales
sean los retos que se te presenten en el exterior, tu alma, que es eterna,
ha comenzado a prosperar. Pero a Juan no le basta con saber que el
alma de Gayo estaba prosperando. Oraba para que Gayo también fuera
«prosperado en todas las cosas y [tuviera] salud». En otras palabras,
puedes orar para que tu cuerpo físico esté sano, así como tu alma está
sana en Cristo.

Puedes estar seguro de que la voluntad de Dios es que estés sano
porque su Palabra así lo declara. Puesto que su voluntad es que «tengas
salud», no sigas la tradición humana ni la opinión del hombre que dicen
que a veces es su voluntad que estés enfermo. No dejes que las conjetu-
ras y teorías del hombre te hagan creer la mentira de que tal vez Dios
quiere que soportes la enfermedad física para aprender a confiar más
en él o a crecer en paciencia. Gracias a lo que Jesús hizo en el Calvario,
podemos estar seguros de que la enfermedad *nunca* viene de Dios. ¡La
salud, sí!

Vuelve a la sencillez de declarar como un niño: «Cristo me ama,
bien lo sé, su Palabra me hace ver». De la misma manera, ¿cómo sé que
Jesús quiere que caminemos en su salud y plenitud? Porque la Biblia
me lo dice.

¿POR QUÉ NO SOY SANADO AUTOMÁTICAMENTE?

Tal vez te preguntes: *Si Dios me ama, y es su voluntad sanarme, ¿por qué no soy sanado automáticamente? ¿Por qué tengo que orar o tomar la Santa Cena?*

Amigo mío, sabemos que es la voluntad de Dios que *todos* reciban la salvación, que reciban el regalo de la vida eterna que fue ofrecido gratuitamente al mundo (Jn 3.16). Pero nadie se salva «automáticamente», porque todos tenemos la opción de aceptar o rechazar la oferta de Dios. Dios es un caballero, y no forzará a nadie a aceptar su salvación. No nos forzará a aceptar sus dones. No forzará a aceptar sus bendiciones sobre nosotros. No nos forzará a aceptar su salud o su bondad para con nosotros.

> ¿CÓMO SÉ QUE JESÚS QUIERE QUE ESTEMOS SANOS? PORQUE LA BIBLIA ME LO DICE.

Cuando oramos y participamos de la Santa Cena, estamos liberando nuestra fe para estar en sintonía con la voluntad, la Palabra y el poder de Dios. No le estamos pidiendo que nos cure ni tratando de convencerlo para que sane a nuestros seres queridos, ya sabemos que es su voluntad sanar. La oración tiene que ver con la construcción de una relación íntima con él. Cuando oramos y tomamos la Santa Cena, recibimos su amor por nosotros, y también su poder sanador en nuestro cuerpo. Habla con Dios hoy (eso es la oración) sobre tus problemas de salud, y deja que él imparta en tu corazón la confianza y la seguridad de que él quiere que estés sano.

CURADO DE ALZHEIMER DESPUÉS DE TOMAR LA SANTA CENA REGULARMENTE

Permíteme compartir contigo un testimonio de alabanza de Kathy, a cuyo marido, Marcus, le habían dicho que «pusiera sus asuntos en orden», al haberle diagnosticado Alzheimer. Según la Asociación de Alzheimer, este mal, que es la sexta causa de muerte en Estados Unidos, es una enfermedad degenerativa que empeora con el tiempo y no tiene cura.[3] Solo puedo imaginar la impotencia y el miedo que Marcus y Kathy sintieron cuando les dieron el diagnóstico. Pero sigue leyendo y mira lo que el Señor hizo por ellos:

> **CUANDO PARTICIPAMOS DE LA SANTA CENA, ESTAMOS LIBERANDO NUESTRA FE PARA ESTAR ALINEADOS CON LA VOLUNTAD, LA PALABRA Y EL PODER DE DIOS.**

Hace algunos años, durante un chequeo rutinario después de una hemorragia cerebral, la doctora de Marcus nos dijo que había progresado mucho más de lo que esperaba. Sin embargo, basándose en su último escáner cerebral, así como en los escáneres de su tiempo en el hospital catorce meses antes, nos explicó que Marcus tenía Alzheimer. Ella prosiguió diciéndonos que Marcus debía «poner sus asuntos en orden» y comenzar a planear su retirada total de su trabajo.

No hace falta decir que esto fue una gran conmoción para nosotros, algo para lo que ninguno de nosotros estaba listo ni dispuesto a aceptar. Pero le entregamos la situación a Dios. Hay mucho que contar sobre la travesía por donde nuestro Señor nos llevó, que incluía su enseñanza para confirmarnos lo que creíamos que estábamos escuchando de él.

Nuestro Papá Dios nos dio fe, esperanza y mucha paz durante esos tiempos oscuros en que empezamos a confiar en él en todos los aspectos de nuestra vida. Fueron las Escrituras y sus mensajes sobre la Santa Cena los que nos impulsaron a tomar la Santa Cena en casa de manera regular. Creemos que fue entonces cuando comenzó a resplandecer nuestro futuro.

¿Ves lo que hicieron Marcus y Kathy? El diagnóstico de Marcus fue una gran conmoción para ellos. Pero no aceptaron el diagnóstico sin más. Se llenaron de Biblia, siguieron escuchando la Palabra predicada y comenzaron a participar de la Santa Cena en casa regularmente.

Mientras hacían todo eso, Kathy escribió que su «futuro comenzó a resplandecer». Es posible que durante ese tiempo siguieran viendo los síntomas, pero persistieron. Y, cuando miran hacia atrás hoy, saben que su progreso comenzó cuando comenzaron a tomar la Santa Cena regularmente. No fue inmediato y completo, pero *comenzó* entonces.

Kathy escribió que, cuatro años y medio después, Marcus se sometió a otra resonancia magnética, y así fue como su neurocirujana reaccionó cuando vio el escáner:

> Mientras estudiaba el resultado, parecía bastante perpleja, hasta que dijo: «Estoy viendo un cerebro muy sano. Aquí no hay Alzheimer. Voy a quitar ese diagnóstico de su historial médico».

LO QUE ES IMPOSIBLE PARA EL HOMBRE ES POSIBLE PARA NUESTRO DIOS.

¡Lo que es imposible para los hombres es posible para Dios (Lc 18.27)! En lugar de deteriorarse, el cerebro de Marcus se volvió «muy saludable», y quedó completamente libre del Alzheimer. ¡Aleluya!

No importa el diagnóstico que te haya dado tu médico, sigue llenando tu corazón con las Escrituras. Sigue escuchando mensajes sobre la obra consumada del Señor y participando de la Santa Cena. Sigue recordando a nuestro Señor Jesús y su amor por ti. Cada vez que el miedo amenace con consumirte, corre de nuevo a sus brazos de amor y deja que su amor eche fuera todo temor. Y, aunque no veas progreso todavía, sigue peleando la buena batalla de la fe, sabiendo en tu corazón que Dios te ama y quiere que estés bien. Lo que hizo por Marcus también puede hacerlo por ti.

6.

ÉL PAGÓ LA FACTURA

Si a ti o a un ser querido les han diagnosticado una enfermedad, es probable que también se enfrenten a facturas médicas cada vez mayores. Y el cuidado de la salud es caro. A nivel mundial, se prevé que el costo de la atención médica siga aumentando vertiginosamente. En 2016, los investigadores descubrieron que, en comparación con otros países de altos ingresos como Australia, Estados Unidos gastaba casi el doble en atención médica.[1] En 2017, el gasto total en salud en Estados Unidos ascendió a 3,5 billones de dólares, el 17,9 % del PIB del país.[2]

Tal vez tengas un salario que te permite tan solo cubrir tus gastos mensuales y ese diagnóstico ha puesto a prueba tus finanzas. Has agotado tus tarjetas de crédito para pagar la hospitalización, la medicación y todas las pruebas que tuvieron que hacerte, y ahora estás hundido en las deudas. Tal vez no tengas seguro médico porque estás pasando de un trabajo a otro y no puedes permitírtelo. Y ahora, aunque te preocupa la fiebre alta persistente que vienes padeciendo, no has ido al médico, porque el posible precio de hacerlo te preocupa aún más.

Querido amigo, no te desanimes por las facturas que se están acumulando. El Señor no es solo *Jehová Rafa*, Jehová tu sanador, también es *Jehová Jireh*, Jehová tu proveedor. La Biblia promete que él «*les proveerá* de todo lo que necesiten, conforme a las gloriosas riquezas que tiene en Cristo Jesús» (Fil 4.19, NVI). Le pido a Dios que estés mucho más consciente de la abundancia de su inagotable provisión que de tus necesidades financieras. No te dejes llevar por la sensación de que tienes que manejar las presiones y ocuparte de todas las facturas médicas tú solo mientras garantizas el sustento y abrigo de tu familia. No te preocupes, porque tu Padre celestial sabe que tienes necesidad de todas estas cosas (Mt 6.32). Deja tu ansiedad y pon los ojos en él. Él cuidará de ti.

NO IMPORTA CUÁNTO TIEMPO HACE

¿Sabías que la Biblia cuenta la historia de una mujer que estaba en una grave crisis financiera debido a un problema de salud de años (Mr 5.25–34)? Sufría una hemorragia o «flujo de sangre» y hacía mucho tiempo que no dejaba de perder sangre. No conocemos la causa de su mal. Ese sangrado anormal podría ser consecuencia de fibromas, hipotiroidismo o incluso cáncer de útero.

> EL SEÑOR NO ES SOLO TU SANADOR, SINO TAMBIÉN TU PROVEEDOR. ÉL CUIDARÁ DE TI.

Sea cual fuera la causa, sabemos que era una enfermedad terrible que la hizo sufrir una gran agonía durante doce largos años. También sabemos que había acudido a muchos médicos en su intento de curarse y que estos la habían hecho sufrir mucho. En esos años, gastó todo lo que tenía para pagar sus tratamientos, pero no mejoró. De hecho, empeoró.

Al leer esto, tal vez puedas identificarte con la situación de esta mujer. Tal vez has estado luchando contra un problema de salud por años, y tu cuenta bancaria se ha agotado por completo por todos los tratamientos que los expertos te dijeron que te ayudarían. Te has sometido a tantas pruebas, te han puesto tantas sondas y has probado tantas «curas revolucionarias» que ya has perdido la cuenta. Pero el tratamiento falló en cada ocasión, dejándote con una deuda abultada y una enfermedad que ha empeorado a pesar de tus esfuerzos.

Tal vez has llegado al punto en que te has cansado de intentarlo y de esperar. La enfermedad ha asolado tu cuerpo y no te queda ni voluntad ni dinero para seguir luchando.

Si esta es tu situación, por favor, has de saber que no es casualidad que estés leyendo estas palabras. Creo que el Señor quería que leyeras esto porque te ama. No te rindas. Aunque hayas visitado a un especialista tras otro y hayas intentado varios tratamientos sin éxito, ¡aún hay esperanza!

> **AUNQUE HAYAS VISITADO A UN ESPECIALISTA TRAS OTRO Y HAYAS INTENTADO VARIOS TRATAMIENTOS SIN ÉXITO, ¡AÚN HAY ESPERANZA!**

Y, si crees que ya lo sabes todo sobre la historia de esta mujer, por favor, sigue leyendo. Yo la he estudiado y predicado muchas veces y creía conocérmela hasta el último detalle. Pero el Señor comenzó a destacarme una frase una y otra vez hasta que vi algo que nunca había visto.

En serio, creo que lo que estoy a punto de compartir contigo te ayudará a recibir un punto de inflexión tanto en tu cuerpo como en tus finanzas. Así lo narra el apóstol Marcos:

Cuando oyó hablar de Jesús, vino por detrás entre la multitud, y tocó su manto. Porque decía: Si tocare tan solamente su manto, seré salva. Y en seguida la fuente de su sangre se secó; y sintió en el cuerpo que estaba sana de aquel azote. Luego Jesús, conociendo en sí mismo el poder que había salido de él, volviéndose a la multitud, dijo: ¿Quién ha tocado mis vestidos? Sus discípulos le dijeron: Ves que la multitud te aprieta, y dices: ¿Quién me ha tocado? Pero él miraba alrededor para ver quién había hecho esto. Entonces la mujer, temiendo y temblando, sabiendo lo que en ella había sido hecho, vino y se postró delante de él, y le dijo toda la verdad. Y él le dijo: Hija, tu fe te ha hecho salva; ve en paz, y queda sana de tu azote. (Mr 5.27–34)

Si has estado creyendo que Dios sana, tal vez estés pensando: *Si tan solo pudiera ver a Jesús con mis propios ojos o escucharlo con mis oídos, podría ser sanado.* El apóstol Lucas dice que «se reunía mucha gente para oírle, y para que les sanase de sus enfermedades» (Lc 5.15). Estas multitudes oyeron a Jesús y fueron sanados. Oyeron y se curaron.

Pero el relato del apóstol Marcos sobre la mujer con flujo de sangre no dice: «Cuando oyó a Jesús».

Dice: «Cuando oyó *hablar de* Jesús».

¡Aleluya! ¿Sabes lo que eso significa?

Significa que podemos tener la misma fe que esta mujer tuvo al oír *hablar de* Jesús.

Puede que no veamos ni oigamos a Jesús en persona como los que estaban en el monte de las Bienaventuranzas o en la sinagoga de Capernaum. Pero, con solo oír *hablar de* Jesús, podemos recibir la misma fe y el mismo cambio de salud que la mujer, aun cuando llevemos años enfermos, ¡o incluso si han fracasado los doctores y los tratamientos costosos!

LO QUE OYES SOBRE JESÚS ES IMPORTANTE

¿Qué crees que escuchó ella sobre Jesús que era tan poderoso?

Llevaba doce años sangrando. De acuerdo con la ley levítica, era «impura». Cualquiera que la hubiera tocado o incluso hubiera tocado algo sobre lo que se hubiera sentado también se consideraba impuro (Lv 15.19–25). Esto significa que llevaba doce años siendo rechazada y condenada al ostracismo. Durante doce años no se le permitió tocar a nadie para no profanarlo. ¿Te imaginas una vida en la que cada día se te recuerde dolorosamente lo sucio, impuro e indigno que eres?

Pero entonces oyó decir algo sobre Jesús.

Escuchó algo que hizo brotar la esperanza en su corazón cansado y le dio la fe para creer que se recuperaría con solo tocar su manto.

Escuchó algo que le dio el valor y la determinación para llevar su debilitado cuerpo por entre la multitud, a pesar de que la ley levítica le prohibía tocar a nadie.

Sobre todo, oyó algo que le hizo creer que, a pesar de estar impura, podía ser sanada. Eso es lo que quiero que oigas hoy sobre nuestro Señor Jesús.

A pesar de que eres impuro, a pesar de que has fallado, a pesar de que hay pecado en tu vida, *¡puedes ser sanado!*

No permitas que las tradiciones humanas te alejen de tu amado Salvador. Ven a él tal como eres. No necesitas hacer nada para ser digno. No necesitas ser limpio para acercarte a él. No tienes que anhelar su toque desde la distancia, deseando ser lo suficientemente bueno o puro. Ven a él con todos tus pecados y todas tus cargas, él te hará limpio. El mismo Jesús que dio su cuerpo para sanarte también dio su sangre para tu perdón. ¡Ven a él!

ESTÁS CUALIFICADO PARA TODA BENDICIÓN

Hace años, cuando empecé a predicar, yo enseñaba por qué los cristianos no son sanados. Uno de mis héroes espirituales de entonces había dicho: «El problema no está ni en Dios ni en su Palabra. Cuando no recibes de Dios, el problema está en ti». Así que eso es lo que le enseñé a mi iglesia yo también. Quería que las personas de mi congregación se sanaran y tuvieran plenitud, por eso les enseñé una lista de razones por las que no eran sanados, pero esa lista no dejaba de crecer.

VEN A ÉL TAL COMO ERES. ÉL TE HARÁ LIMPIO.

Un día, mientras enseñaba sobre este asunto con mucho ahínco, escuché la voz del Espíritu Santo dentro de mí diciendo: «¡Deja de descalificar a mi pueblo!».

Me entristeció que el Señor me dijera eso, y le respondí: «Pero, Señor, yo amo a tu pueblo. Deseo lo mejor para ellos».

Y el Señor dijo: «Entonces deja de descalificar a mi pueblo».

Yo respondí: «Pero Señor, no los estoy descalificando. Estoy tratando de que estén cualificados para que los sanes».

Cuando le dije eso al Señor, se me abrieron los ojos y me arrepentí.

Yo no puedo cualificar a nadie para ser sanado, ni necesito intentarlo. Dios *ya* nos ha cualificado por medio de la sangre de su Hijo.

Déjame mostrarte lo que dice la Palabra de Dios:

Con gozo dando gracias al Padre que nos hizo aptos para participar de la herencia de los santos en luz; el cual nos ha librado de la potestad de las tinieblas, y trasladado al reino de su amado Hijo, *en quien tenemos redención por su sangre, el perdón de pecados.* (Col 1.12–14)

Hoy, tú y yo podemos dar gracias al Padre que nos *ha* hecho aptos. *Ya* estamos cualificados para participar de todas las bendiciones.

Y no solo eso, sino que también ya nos ha *librado* del poder de las tinieblas y nos ha trasladado al reino de su amado Hijo. ¿No te encanta cómo lo expresa la Biblia? Ahora estamos en el reino de su amado Hijo, y eso significa que el diablo ya no tiene ningún control sobre nosotros. *No* tiene poder sobre nosotros. No tiene autoridad para robarnos la salud.

Cualquier pecado que hayas cometido, cualquier error en que hayas caído, ya no te descalifica. Nada de lo que puedas hacer es tan poderoso como para borrar la obra consumada de Cristo.

Tal vez no creas que mereces ser sanado. Tal vez pienses que te mereces esta enfermedad. Después de todo, tú elegiste llenar tu cuerpo con toda esa comida basura durante años. Después de todo, no has estado haciendo ejercicio. Después de todo, esa enfermedad es el resultado de tus malas decisiones.

> **DIOS YA NOS HA HECHO APTOS, MEDIANTE LA SANGRE DE SU HIJO, PARA PARTICIPAR DE TODA BENDICIÓN.**

LA GRACIA ES PARA LOS QUE NO LA MERECEN.

¿Estoy diciendo que no deberías comer saludablemente ni cuidar tu cuerpo? No, en absoluto. Lo que digo es que, aunque hayas cometido errores, no tienes que descalificarte. En eso consiste la gracia. *¡La gracia es para los que no la merecen!*

El problema no está en Dios, tampoco en su Palabra, y definitivamente tampoco está en ti, porque Jesús ha quitado de una manera eficaz y perfecta todos tus pecados con su sangre. Ahora, recibe tu sanidad.

Puedes declarar confiadamente «Sí» y «Amén» a *todas* las promesas de Dios en Cristo (2 Co 1.20). Él ya te ha hecho apto para recibir gratuitamente su sanidad, su provisión para tus necesidades financieras, su favor, su gozo y su paz.

LIBERADO DE LAS ADICCIONES Y DE LA HEPATITIS C

Shirley, de Texas, le escribió a mi equipo para contar su testimonio, y he querido compartir algo de ello aquí porque, hablando en el plano natural, en su vida había muchas cosas que la habrían hecho no apta para que Dios la sanara, según lo que muchos creen.

Durante diez años, Shirley fue adicta a las drogas y al alcohol. Como resultado de este estilo de vida, contrajo la hepatitis C, una enfermedad grave y difícil de detectar, que es crónica y a veces letal. Un año más tarde, tras otra prueba, seguía mostrando presencia del virus de la hepatitis C.

Shirley cuenta cómo, aunque el Señor la había liberado de sus adicciones (y está sobria desde entonces), sentía que como cristiana no estaba a la altura, aunque se esforzaba al máximo. Seguía sintiendo que podría haber orado más, leído más la Biblia, ido más a la iglesia.

Luego me escuchó compartir el evangelio y hablar sobre la Santa Cena. Dicho en sus propias palabras, eso trajo la «gracia radical de Dios» a su situación. Nos escribió para contarnos lo que había pasado:

Comencé a escuchar a Joseph Prince y a asistir a la Iglesia de la Revolución de la Gracia en Dallas. También empecé a tomar la Santa Cena en casa y a apoyarme en la obra consumada de Jesús cada vez que recibía la Santa Cena.

Algún tiempo después, fui a ver a un especialista en enfermedades infecciosas para hacerme un análisis de sangre y saber qué genotipo de la hepatitis C tenía, para recibir el tratamiento adecuado. Unas semanas después, la doctora me llamó para decirme que tenía buenas noticias: yo era un caso raro, porque había desarrollado anticuerpos contra el virus y ahora era inmune a él. Me dijo que mi cuerpo se había defendido del virus y que no necesitaba ningún tratamiento. ¡Alabado sea Jesús! ¡A él sea toda la gloria! Como Jesús, así soy yo en este mundo. Como él no tiene hepatitis C en su sangre, ¡yo tampoco!

Lo interesante de esto es que yo sentía que no había pasado tanto tiempo con Dios como me hubiera gustado. Me sentía como si no estuviera a la altura como cristiana. Ni siquiera había ido mucho a la iglesia. Este es un mensaje fuerte para mí: no hay nada que pueda hacer para ganarme mi sanidad o mi derecho a estar con el Padre. El hecho de que me haya sentido menos espiritual en el último año, pero que aun así haya sido sanada, es un poderoso testimonio de la gracia radical de nuestro Señor Jesucristo.

Además, no he contraído ni un resfriado ni ninguna otra enfermedad en todo el año. Normalmente, me enfermo al menos tres o cuatro veces durante el invierno. Cada vez que sentía que empezaba a enfermar, reivindicaba sobre mi cuerpo la obra consumada de Jesús. ¡Me despertaba a la mañana siguiente sana y renovada! ¡Alabado sea Dios!

Muchas gracias, pastor Prince, por el maravilloso mensaje de la gracia de Dios que ha cambiado mi vida. Gracias por abrirme los ojos al poder de la obra consumada de Jesús y su amor *ágape* por nosotros.

¡Gloria a Dios! Me alegra saber que Shirley está libre de la hepatitis C y disfruta de la gracia y el amor del Señor.

Hubo muchas áreas de fracaso en la vida de Shirley, pero lo que me encanta es cómo la gracia de Dios la liberó de diez años de fuerte adicción, y los deseos de consumir drogas y alcohol no reaparecieron mientras ella seguía escuchando la predicación sobre Jesús, recibiendo el don de la justificación y participando en la Santa Cena para ser sanada. Así es, es la bondad de Dios la que nos lleva al arrepentimiento.

> **LO QUE ESCUCHAS SOBRE DIOS PODRÍA MARCAR LA DIFERENCIA ENTRE LA VIDA Y LA MUERTE.**

Si Shirley hubiera escuchado que, antes de que Dios pudiera sanarla, tenía que tener su vida en orden, ¿crees que habría sanado de la hepatitis C o habría experimentado una mejor salud y protección física?

Lo que escuchas sobre Dios podría marcar la diferencia entre la vida y la muerte. ¿Escuchas la voz descalificadora o la voz de la gracia que te hace apto sobre la base de la cruz de Jesús?

JESÚS PUEDE Y QUIERE SANARTE

Has visto cómo nuestro Señor Jesús sanó a la mujer con flujo de sangre. Quiero mostrarte cómo sanó a otra persona que también se consideraba no apta e impura bajo la ley. Mateo 8 tiene lugar en el monte de las Bienaventuranzas, justo después de que Jesús predicara el Sermón del Monte, y comienza así:

> Cuando descendió Jesús del monte, le seguía mucha gente. Y he aquí vino un leproso y se postró ante él, diciendo: Señor, si quieres, puedes limpiarme. Jesús extendió la mano y le tocó, diciendo: Quiero; sé limpio. Y al instante su lepra desapareció. (Mt 8.1–3)

Cada vez que viajo a Israel con mis pastores, uno de mis lugares favoritos es el monte de las Bienaventuranzas. Hace unos años, subimos hasta donde posiblemente estuvo Jesús sentado mientras predicaba a las multitudes que escuchaban abajo. Luego, mientras mis pastores hablaban, los dejé allí y seguí un sendero, solo para pasar un tiempo con el Señor. Fue entonces cuando me di cuenta de que el sendero llevaba hasta Capernaum.

Durante mucho tiempo, había imaginado a Jesús bajando de la montaña hacia la multitud. Pero ese día me di cuenta de que el Evangelio de Mateo dice que, cuando Jesús bajó de la montaña, «le seguía mucha gente». Si hubiera ido hacia la multitud, no habría tenido sentido decir que le seguían. Es muy probable que, para que las multitudes lo siguieran, tuviera que bajar por otro lado de la montaña hacia Capernaum. Solo un versículo después de que Jesús sanara al leproso, la Biblia nos dice que entró en Capernaum (Mt 8.5), así que creo que ahí es a donde se dirigía Jesús después de terminar su sermón.

De todos modos, seguí caminando por ese sendero hasta que llegué a una enorme pila de rocas en el costado y noté otras losas de piedra esparcidas cerca. De repente, sentí que el Señor me detenía, y comenzó a darme una visión interior.

Vi cómo el leproso podría haberse ocultado tras esas rocas para poder oír a Jesús predicar sin que la multitud lo viera. Si la gente lo hubiera visto, impuro por su lepra, podría haberle tirado piedras para ahuyentarlo, por miedo a su enfermedad.

Vi la angustia del hombre, que sufría no solo por su cuerpo cubierto de lepra y de heridas visibles en carne viva, sino también porque se veía obligado a aislarse y apartarse de sus seres queridos para no contaminarlos ni profanarlos (Lv 13.45–46).

Vi la desesperación del hombre que se postró ante Jesús, adorándolo mientras decía: «Señor, si quieres, puedes limpiarme».

Vi la belleza y la majestad de nuestro Señor Jesús al extender la mano para *tocar* al leproso, levantarlo y decir: «Quiero, sé limpio».

En ese momento, el Señor restauró no solo la salud del hombre, sino también su humanidad.

No sé si te das cuenta de lo increíble que es que Jesús tocara a un leproso. Según la ley, cuando algo limpio toca algo sucio, lo limpio se vuelve sucio. Nuestro Señor Jesús estaba mostrando que, bajo la gracia, cuando lo limpio (Jesús) toca lo sucio, ¡lo sucio se vuelve limpio! Jesús no se contaminó al tocar la lepra, la quitó.

> **BAJO LA GRACIA, CUANDO ALGO LIMPIO TOCA ALGO SUCIO, ¡LO SUCIO SE VUELVE LIMPIO!**

Basándome en lo que vi en el Espíritu, trabajé con mi equipo para preparar un video sobre la sanidad del leproso para que tú también puedas experimentarlo, y he incluido el enlace aquí: JosephPrince.com/eat. Hasta la música que oirás cuando veas el vídeo era algo venido del cielo. Entoné un canto espontáneo en el Espíritu durante uno de nuestros servicios de entre semana, y decidimos más tarde usar la melodía para el video. Mientras lo ves, espero que sientas la hondura de la compasión de nuestro Señor y notes su entrañable amor por ti. Quiera Dios que veas que su santidad es una santidad a la que nos podemos acercar, y que lo veas venir a ti, buscándote y sacándote de tu dolor.

DEJA DE DESCALIFICARTE

Son muchos los que creen que Dios tiene poder para sanar. Pero, igual que el leproso, dudan de que Dios esté dispuesto a usar su poder para curarlos a ellos. Si alguna vez has albergado tales dudas acerca de su disposición a sanarte, espero que esa disposición se instale para siempre en tu corazón al escuchar cómo te dice: «Quiero, sé limpio. ¡Sé sanado!». Tus pecados y defectos no hacen que Jesús sienta repugnancia hacia ti. Al contrario, las cosas que crees que te hacen no apto son las que te hacen *apto* para su gracia salvadora. Mientras lo adoras y apartas la mirada de lo que te descalifica, deja que él te toque y te limpie.

La sanidad es un regalo de gracia. No puedes ganar con tus buenas obras que te sane, ni tus defectos pueden descalificarte para que no te sane. Piensa en todas las personas que Jesús sanó. De las grandes multitudes que fueron sanadas, ¿crees que no habría personas con pecados y fracasos en sus vidas? ¿Alguno de los que Jesús sanó tuvo primero que hacer algo para ganarse o ser apto para su sanidad?

> **MIRA A JESÚS VINIENDO A TI, BUSCÁNDOTE Y SACÁNDOTE DE TU DOLOR.**

Amado, deja de descalificarte. No importa cuánto creas que has fallado, no importa lo impuro y sucio que te creas, Dios te ama. Igual que limpió al leproso y curó a la mujer con flujo de sangre, puede sanarte a ti, y quiere hacerlo. Bajo la ley, no serías apto. Pero Jesús vino a cumplir hasta la jota y la tilde de la ley (Mt 5.17–18) para que hoy podamos recibir libremente el bien que no merecemos. Nuestro Señor Jesús llevó nuestros pecados y enfermedades en la cruz. Cuando Dios te mira, no ve tus pecados y fallos. Si has aceptado a Jesús en tu corazón, eres una nueva criatura en Cristo (2 Co 5.17). ¡Ven confiadamente y recibe el oportuno socorro para toda necesidad (Heb 4.16)!

Ruego a Dios que hoy hayas oído hablar de un Jesús que reparte gratuitamente bendiciones, provisión y sanidad con una mano generosa que no se refrena. Le pido que hayas visto a un Jesús que demostró su voluntad de tomar tus enfermedades e impurezas y darte en lugar de ellas su salud y justicia divinas.

¿HAY ALGO MEJOR QUE TENER A JESÚS EN PERSONA?

Pero tal vez sigues con dudas sobre tu sanidad.

Viste cómo Jesús curó a la mujer de una enfermedad crónica y prolongada y limpió al hombre de un mal incurable. Tal vez estés pensando:

Sí, pero ellos conocieron a Jesús en persona. Si yo pudiera conocer a Jesús en persona, podría ser sanado.

Amigo mío, tengo muy buenas noticias para ti.

Nuestro Señor Jesús mismo les dijo a sus discípulos: «Os conviene que yo me vaya; porque si no me fuera, el Consolador no vendría a vosotros; mas si me fuere, os lo enviaré» (Jn 16.7). Cuando Jesús estaba en la tierra, estaba limitado. Solo podía estar en un lugar a la vez. ¡Pero, ahora que nos ha enviado el Espíritu Santo, es mejor para nosotros! Él es completamente ilimitado, y puede decirnos esto a ti y a mí:

> JESÚS VINO A CUMPLIR HASTA LA JOTA Y LA TILDE DE LA LEY PARA QUE PODAMOS RECIBIR LIBREMENTE EL BIEN QUE NO MERECEMOS.

«Y tengan por seguro esto: que estoy con ustedes siempre, hasta el fin de los tiempos» (Mt 28.20, NTV)

¡Aleluya! Jesús está, ahora mismo, en tiempo presente, contigo y conmigo. No está lejos. Dondequiera que estemos y sean cuales sean las circunstancias que enfrentemos, él está con nosotros. A nosotros nos corresponde venir *confiadamente* a él para recibir su misericordia, su gracia y su ayuda (Heb 4.16). Deja de descalificarte y no permitas que nadie te diga que no mereces su regalo de curarte. Acércate a él confiadamente hoy.

Y eso no es todo. ¿Notaste que la mujer con flujo de sangre se curó con solo tocar el manto de Jesús? Hoy tienes algo *mucho* mejor que su manto. Puedes participar del *cuerpo de Jesús* de una manera tangible y práctica.

¿Qué quiero decir con esto? La noche en que nuestro Señor Jesús fue traicionado, instituyó la Santa Cena. Tomó el pan, y la Biblia nos dice esto:

Y habiendo dado gracias, lo partió, y dijo: Tomad, comed; *esto es mi cuerpo que por vosotros es partido*; haced esto en memoria de mí. Asimismo tomó también la copa, después de haber cenado, diciendo: Esta copa es el nuevo pacto en mi sangre; haced esto todas las veces que la bebiereis, en memoria de mí. (1 Co 11.24–25)

Cada vez que participamos de la Santa Cena, participamos del cuerpo de Jesús y recibimos su sangre. Si hasta en sus ropas había semejante poder sanador, ¿te imaginas el poder que hay en la Santa Cena? Tengo muchas cosas que contar sobre el poder curativo de la Santa Cena, ¡y me muero de ganas de profundizar en ello!

> **SEAN CUALES SEAN LAS CIRCUNSTANCIAS A LAS QUE NOS ENFRENTEMOS, ÉL ESTÁ CON NOSOTROS.**

7.

LA REVELACIÓN DA RESULTADOS

Si has estado leyendo este libro desde el principio, oro para que hayas empezado a ver que hay esperanza para *cualquier* enfermedad que tú o tu ser querido puedan tener.

Hay esperanza porque *no* estás solo, y no eres *tuyo*, perteneces a un Dios que te ama con un amor tan intenso que nunca podrías comprender su longitud y su anchura y su profundidad y su altura. Es un amor que sobrepasa todo entendimiento, que es demasiado grande para comprenderlo (Ef 3.18–19).

Hay esperanza porque perteneces a un Dios que no podía dejarte sufrir enfermedades y dolencias y envió a su propio Hijo amado para que cargara *todos* tus dolores y enfermedades sobre su propio cuerpo.

Hay esperanza porque perteneces a un Dios que te ha dado una manera práctica de acceder a su poder sanador en *cualquier momento*. Puedes venir a él con libertad. No hay aros religiosos por los que pasar, ni exigencias de aptitud que cumplir. *Ya* te ha hecho apto, y lo único que tienes que hacer es responder a la invitación que te hizo cuando tomó el pan y dijo: «*Tomad, comed*; esto es mi cuerpo», cuando tomó la copa y dijo: «*Bebed de ella* todos» (Mt 26.26–27).

Le pido a Dios que hayas captado una revelación de *qué* comer para tener una vida llena de vitalidad y tener un cuerpo lleno de salud y fuerza divinas. En este capítulo y el siguiente, quiero compartir contigo *cómo* participar de la Cena del Señor para tener vida y salud. Puede parecerte extraño que quiera escribir sobre *cómo* tomar la Santa

NO HAY AROS RELIGIOSOS POR LOS QUE TENGAS QUE PASAR PARA ACCEDER A SU PODER SANADOR.

Cena. ¿No se trata solo de comer (masticar y tragar) y beber, que no son precisamente habilidades que haya que enseñar? Amigo mío, participar de la Santa Cena implica comer y beber. Pero no se parece en nada a ninguna dieta que hayas probado.

LA SANTA CENA NO ES CUESTIÓN DE REGLAS Y RITUALES

Todas las dietas y regímenes de alimentación tienen reglas que debes cumplir para ver los resultados y avances. Ya sea que se trate de reducir al mínimo los carbohidratos, aumentar las proteínas, controlar las raciones o abstenerse de ciertos alimentos en ciertos períodos, cada dieta tiene su lista de lo que se debe y lo que no se debe hacer. Si quieres progresar, tienes que ser lo suficientemente disciplinado y seguir todos los postulados de la dieta. Pero, si te tomas demasiados «días de saltarte la dieta», los resultados serán mínimos o nulos. La cuestión es que los resultados de cualquier dieta dependen completamente de *ti*. Que una dieta funcione o no depende de la creación caída, de *tu* disciplina, *tu* fuerza de voluntad y *tu* capacidad para guardar y cumplir las reglas.

En la Santa Cena, no tiene nada que ver con lo que tienes que hacer, tiene que ver con tener una revelación de lo que él hizo *por ti*.

Siempre que leas la Biblia, recuerda que no es solo un texto histórico o un registro de la vida de nuestro Señor Jesús. ¡La Biblia documenta su amor *por ti*! Oro para que el Espíritu Santo te haya dado ojos para ver que todo lo que Jesús soportó fue *por ti*. *Tú* y tu plenitud fueron el gozo puesto delante de él. Todos los sacrificios que hizo fueron *por ti*. ¡El Divino sufrió *por ti* para que tuvieras vida, salud y plenitud divinas!

HACER MEMORIA

Quiero mostrarte lo que escribió el apóstol Pablo sobre la Santa Cena:

> Porque yo recibí del Señor lo que también os he enseñado: Que el Señor Jesús, la noche que fue entregado, tomó pan; y habiendo dado gracias, lo partió, y dijo: Tomad, comed; *esto es mi cuerpo que por vosotros es partido; haced esto en memoria de mí.* Asimismo tomó también la copa, después de haber cenado, diciendo: Esta copa es el nuevo pacto en mi sangre; haced esto todas las veces que la bebiereis, *en memoria de mí.* Así, pues, todas las veces que comiereis este pan, y bebiereis esta copa, la muerte del Señor anunciáis hasta que él venga. (1 Co 11.23–26)

LA SANTA CENA NO TIENE NADA QUE VER CON LO QUE TIENES QUE HACER; TIENE QUE VER CON TENER UNA REVELACIÓN DE LO QUE ÉL HIZO POR TI.

Los resultados de las dietas y el ejercicio se deben a las reglas, la rutina y el régimen. Los resultados de la Santa Cena se deben a la relación, la revelación y la comprensión de la obra redentora de Cristo.

La Santa Cena habla de su amor. Se trata de su poder para sanarte y liberarte de toda enfermedad y dolencia. Por eso nuestro Señor Jesús quiere que participemos de la Santa Cena *en memoria* de él.

Cuando el pueblo judío usa la palabra *memoria*, no es solo un recuerdo pasivo o una remembranza sentimental. Es una palabra mucho más fuerte que tiene la idea de *recreación*, de volver a pasar por el hecho. Se trata de recrear todo lo que pasó, ver su cuerpo roto al partir el pan en tu mano y ver su sangre derramada por ti al beber de la copa. Se trata de tener una valoración activa de la cruz, y ver lo poderosa que es para ti hoy, ya que rememoras que el Rey de reyes sufrió por ti.

> **LA SANTA CENA HABLA DE SU AMOR Y SU PODER PARA SANARTE Y LIBERARTE.**

PON LA MIRADA EN LA CRUZ, NO EN TU ENFERMEDAD

¿Has observado que nuestro Señor Jesús nos dijo que tomáramos la Santa Cena en memoria de él, y no en memoria de nuestras enfermedades? Hubo un tiempo en que muchos hijos de Israel murieron en el desierto por mordeduras de serpiente, y clamaron a Moisés para que orara para que el Señor hiciera desaparecer las serpientes. ¿Me permites mostrarte cómo respondió Dios al clamor de los hijos de Israel?

> Y Jehová dijo a Moisés: Hazte una serpiente ardiente, y ponla sobre una asta; y cualquiera que fuere mordido y mirare a ella, vivirá. (Nm 21.8)

La respuesta de Dios no fue quitar las serpientes. Su respuesta fue decirle a Moisés que hiciera una réplica de aquello mismo que los estaba matando, la serpiente, y la colocara en una asta a la vista de todos. La Biblia continúa diciéndonos lo que pasó después:

Y Moisés hizo una serpiente de bronce, y la puso sobre una asta; y cuando alguna serpiente mordía a alguno, miraba a la serpiente de bronce, y vivía. (Nm 21.9)

Las oleadas de náuseas que te paralizan son reales. Los calambres que se adueñan de tu cuerpo son reales. La falta de aire con la que has estado luchando es real. El dolor que te recorre la cabeza cada vez que la mueves es real, así como las dolorosas mordeduras de las serpientes eran reales para los hijos de Israel. En este momento, oro para que sea eliminado de tu cuerpo todo dolor y malestar, en el poderoso nombre de Jesús. Nuestro Señor Jesús llamó a la sanidad «el pan de los hijos» (Mt 15.26). Si eres un hijo de Dios, la sanidad es algo que te pertenece.

SI ERES UN HIJO DE DIOS, LA SANIDAD TE PERTENECE.

Pero, amigo mío, tu sanidad no vendrá de concentrarte en tu enfermedad. Vendrá cuando hagas lo que hicieron los hijos de Israel: apartar la vista de sus mordeduras y mirar a la serpiente de bronce alzada en el asta.

Nuestro Señor Jesús mismo habló de esta serpiente de bronce cuando dijo: «Y como Moisés levantó la serpiente en el desierto, así es necesario que el Hijo del Hombre sea levantado» (Jn 3.14). La serpiente en el asta es una imagen de nuestro Señor Jesús siendo levantado en la cruz, suspendido entre el cielo y la tierra. Fue rechazado por el hombre, y también por Dios. Su propio Padre tuvo que apartarse de él porque estaba cargando con todos nuestros pecados.

Pero eso no es todo. La serpiente era de bronce porque el bronce en la Biblia habla de juicio. Dios es santo y justo, y tiene que castigar el pecado. Dios nos amó tanto a ti y a mí que envió a Jesús para ser nuestro sustituto, para soportar nuestro castigo y nuestro juicio. En la cruz, Jesús recibió el castigo por todos los pecados. Cargó con todas las consecuencias y todas las maldiciones del pecado que tú y yo deberíamos haber sufrido, y eso incluye todas las enfermedades y dolencias.

Aunque muchos fueron asesinados por las mordeduras de serpiente, cualquiera de los hijos de Israel que *mirara* a la serpiente de bronce se sanaba. La palabra hebrea usada para *mirar* en Números 21.9 es *nabat*, que significa «mirar atentamente».[1] De la misma manera, cuando tomes la Santa Cena, no participes con la atención puesta en los síntomas de tu cuerpo. Participa de la Santa Cena haciendo memoria de tu Señor Jesús y no de tu dolor. Mira a él con atención y con la expectativa de que te salve y te sane.

Míralo alzado en la cruz, juzgado con tu enfermedad. Si tienes un problema de riñón, mira el riñón de Jesús herido con tu enfermedad en la cruz. Si tienes una patología degenerativa en la columna, mira la columna de Jesús herida con esa enfermedad en la cruz. Cuando miras al cuerpo de Jesús herido por tu enfermedad, esta no puede quedarse en ti. Incluso si tienes una enfermedad «terminal» de la que han muerto otros, ¡míralo y recibe tu sanidad!

Siempre que participes de la Santa Cena, te animo a que no te precipites. El Señor te ama muchísimo. Tómate un tiempo para adorar al Señor hasta que puedas sentir su presencia. Dedica tiempo a engrandecerlo hasta que tu consciencia de su bondad y su poder sanador sea mucho mayor que los sentimientos de tu enfermedad o los síntomas de tu ser querido. Al adorar a la persona de nuestro Señor Jesús, creo que recibirás todos los beneficios de la obra de su persona. Por eso participamos de hacer memoria de él.

> SIEMPRE QUE PARTICIPES DE LA SANTA CENA, TÓMATE UN TIEMPO PARA ADORAR Y ENGRANDECER LA PERSONA DE JESÚS.

SEPARADOS PARA LA VIDA Y LA SALUD

A algunas personas las desanima la palabra *sagrada* cuando hablamos de la Santa Cena. Les suena a algo anticuado e incluso irrelevante. Pero

¿sabías que «sagrado» o «santo» significa simplemente ser «apartado para Dios»[2] y *fuera de lo común*? Esto nos habla de la naturaleza especial de la Santa Cena. Cada vez que participas de la Santa Cena, permites que el Señor te separe del mundo ¡y le permites tener un tiempo privado de intimidad y Santa Cena contigo! Mira lo que Dios hizo por los hijos de Israel cuando llegaron las plagas a la tierra de Egipto. Declaró:

> Y aquel día yo apartaré la tierra de Gosén, en la cual habita mi pueblo, para que ninguna clase de moscas haya en ella, a fin de que sepas que yo soy Jehová en medio de la tierra. Y yo pondré redención entre mi pueblo y el tuyo. Mañana será esta señal. (Éx 8.22–23)

De la misma manera, cuando tienes una visión divina del poder y el significado de la Santa Cena, el Señor mismo te pone aparte y establece una diferencia entre tú y la gente del mundo. Eso significa que *no* eres como la gente del mundo. Esto significa que puede ser común que la gente del mundo se contagie de la «gripe común», o que las personas de una determinada franja de edad sufran ciertos síntomas o desarrollen ciertas enfermedades. Pero no tienes por qué aceptar ninguna dolencia «común», ya que Dios te ha apartado para que no seas común.

> **NO TIENES POR QUÉ ACEPTAR LAS ENFERMEDADES «COMUNES», PORQUE DIOS TE HA PUESTO APARTE.**

En un mundo que sufre deterioro y muerte por la enfermedad, él ha pagado el precio para que estés inusualmente sano, completo y saludable. Mientras el resto del mundo puede debilitarse con la edad, la Biblia declara que «como tus días serán tus fuerzas» (Dt 33.25), y que, incluso a una avanzada edad, puedes volver a los días de tu juventud (Job 33.25). Oro por ti en este momento: que, al aumentarse el número de tus días, aumenten también tu fuerza y tu salud, y que el Señor te haga volver a los días de tu juventud y haga que tu carne sea tierna como la de un niño. ¡Amén!

LA SANTA CENA SE BASA EN LA REVELACIÓN Y LA RELACIÓN

Hay algo que debes saber sobre la Santa Cena: la simple ingesta de los elementos de la Santa Cena no dará resultados.

Cuando empecé a enseñar a nuestra iglesia acerca de la Santa Cena, algunos de mis miembros simplemente les decían a sus amigos enfermos que comulgaran. Aunque entiendo sus intenciones, el simple hecho de comer el pan y beber la copa, sin una *relación* con nuestro amado Salvador, no funciona.

No puedes tomar los elementos por superstición o con la actitud de simplemente «probarlo». No puedes darles los elementos de la Santa Cena a tus seres queridos enfermos y decirles que coman así sin más. Como mencioné anteriormente, no hay nada mágico en los elementos de la Santa Cena. Si no tienes una revelación del significado de la Santa Cena, y percibes su amor en tu corazón, la Santa Cena se vuelve algo vacío. A diferencia de las dietas y los planes para ponerse en forma, que funcionan si se siguen las reglas, el poder de la Santa Cena se basa en la revelación *de* la obra redentora de Cristo y la fe en su obra consumada.

> ÉL PAGÓ EL PRECIO PARA QUE ESTUVIERAS INUSUALMENTE SANO, COMPLETO Y SALUDABLE.

CÓMO TENER MÁS FE

Si no tienes una revelación o careces de fe, empieza a escuchar y a ver sermones que estén llenos de Jesús. Escucha enseñanzas o lee libros sobre la Santa Cena que revelen lo que él ha hecho por ti. La Biblia nos dice que «la fe es por el oír, y el oír, por la palabra de Dios» (Ro 10.17). ¿Notaste que no dice que la fe viene por «haber oído»? Si no tienes fe, puedes hacer que la fe «venga» por oír más y más. Así que sigue escuchando y no te conformes con simplemente haber escuchado.

La traducción de este versículo en la Nueva Versión Internacional también explica que la fe viene al escuchar «la palabra de Cristo». La fe no viene al oír qué tienes que hacer para ganarte tu bendición o cómo has fallado. Viene al oírlo todo acerca de *Jesús* y de su abrumador amor por ti.

LA SANTA CENA CONSISTE EN UNA COMUNIÓN ÍNTIMA

Déjame contarte algo que le pido a Dios que llene tu corazón de tal calidez que te haga ver más y más de Jesús. La misma palabra *comunión*, estrechamente ligada a la Santa Cena, habla de la relación que nuestro Señor desea tener con nosotros. El apóstol Pablo escribió:

> La copa de bendición que bendecimos, ¿no es la comunión de la sangre de Cristo? El pan que partimos, ¿no es la comunión del cuerpo de Cristo? Siendo uno solo el pan, nosotros, con ser muchos, somos un cuerpo; pues todos participamos de aquel mismo pan. Mirad a Israel según la carne; los que comen de los sacrificios, ¿no son partícipes del altar? (1 Co 10.16–18)

> **LA FE VIENE AL OÍRLO TODO ACERCA DE JESÚS Y DE SU ABRUMADOR AMOR POR TI.**

La palabra *comunión* en el griego original es *koinonia*, que significa «comunión, compañerismo».[3] También tiene la idea de una participación íntima, como la intimidad que comparten un marido y una esposa cuando dicen y hacen cosas que nadie más conoce. ¿No es hermoso? Cada vez que participas de la Santa Cena, es un momento de intimidad entre el Señor y tú. Es un tiempo que dedicas a recordar a tu Esposo celestial, que te amó tanto que se entregó a sí mismo por ti (Ef 5.25). Es un momento en el que corres hacia él y te pierdes en su presencia, y dejas que su perfecto amor eche fuera todo el temor que te pueda estar carcomiendo.

Él conoce los miedos secretos de tu corazón cuando te fijas en los síntomas de tu cuerpo. Conoce las cargas que te abruman cuando los doctores te hablan de las complicaciones a largo plazo, de los efectos secundarios y del coste financiero del tratamiento. Corre hacia él y echa sobre él toda tu ansiedad, todas tus preocupaciones e inquietudes, porque él cuida de ti con el más profundo afecto, y te observa con gran atención (1 P 5.7).

> **LA SANTA CENA ES UN TIEMPO DE INTIMIDAD ENTRE TÚ Y EL SEÑOR.**

Cuando dedicas tiempo a tener intimidad con él y hacer memoria de él con la Santa Cena, ¿sabes lo que pasa? Te conviertes en un «íntimo partícipe» de los beneficios del cuerpo y la sangre. Así como los que comen de los sacrificios se convierten en «partícipes del altar» (1 Co 10.18), cuando comes el pan y bebes la copa, te haces partícipe de todo lo que Jesús logró en la cruz. Al beber de la copa, estás participando de la sangre de Cristo (1 Co 10.16). Al tomar el pan partido, entras en comunión con el cuerpo de Cristo, que fue partido por ti (1 Co 10.16).

COMIDA FRESCA

Cuando Dios proveyó el maná a los hijos de Israel en el desierto, Moisés le dijo al pueblo: «Ninguno deje nada de ello para mañana» (Éx 16.19). Cuando algunos de ellos no hacían caso a Moisés y guardaban maná para la mañana siguiente, criaba gusanos y apestaba. Esto me recuerda la ley que los hijos de Israel tenían que observar cuando traían la ofrenda de paz en acción de gracias: «Y la carne del sacrificio de paz en acción de gracias se comerá en el día que fuere ofrecida; *no dejarán de ella nada para otro día*» (Lv 7.15).

Estos dos versículos hablan de tomar el alimento fresco y no dejar que el maná o la carne del sacrificio se volvieran rancios. De la misma manera, siempre que participemos de la Santa Cena, pidámosle al Señor una nueva revelación de lo que hizo por nosotros en la cruz. No nos familiaricemos tanto con la Santa Cena que empecemos a verla como algo común y corriente. Tenemos en la mano el cuerpo partido del Hijo de Dios y bebemos de su sangre derramada.

Permíteme compartir contigo otro poderoso pasaje de las Escrituras, en Hebreos 10:

> Así que, hermanos, teniendo libertad para entrar en el Lugar Santísimo por la sangre de Jesucristo, *por el camino nuevo y vivo que él nos abrió* a través del velo, esto es, de su carne. (Heb 10.19–20)

Por medio de la cruz, nuestro Señor Jesús consagró un «camino nuevo y vivo» para que nos acerquemos a Dios no con temor y temblor, sino *confiadamente*. Él dejó que desgarraran su carne para que hoy podamos tener libre acceso a nuestro amado Padre. Quiero llamar tu atención sobre el término griego que se traduce aquí como *nuevo*. Es la palabra *prosphatos*, que significa «recién sacrificado, recién matado».[4]

¿Por qué el Espíritu Santo usó aquí esta inusual palabra? Porque Dios no quiere que cada vez que participes de la Santa Cena lo hagas como si estuvieras conmemorando un acontecimiento histórico de hace dos mil años. La cruz trasciende el tiempo. Al participar de la Santa Cena en memoria de él, contempla a tu Señor Jesús ante ti, como si estuvieras en el Calvario. Contempla a tu Señor Jesús *recién inmolado*, cargando con todas tus enfermedades y llevando todas tus dolencias. No participes de manera ritualista, sino procura una nueva revelación de su amor que se puso de manifiesto en la cruz.

> **CUANDO COMES EL PAN Y BEBES LA COPA, TE HACES PARTÍCIPE DE TODO LO QUE JESÚS LOGRÓ EN LA CRUZ.**

LIBERADO DE UNA DEPRESIÓN PROFUNDA DESPUÉS DE HABER TOMADO LA SANTA CENA

Permíteme compartir el poderoso testimonio que Carey, de Kentucky, me envió. Me conmovió leer cómo el Señor había ministrado a Carey tan personalmente, mostrándole que su provisión de sanidad se renueva cada día:

Abandoné un matrimonio abusivo de doce años, y mis hijos viven con mi exmarido. Solo puedo verlos dos veces al año porque vivo a doce horas de distancia.

Después de mi última visita para verlos, el año pasado, caí en una profunda depresión. No podía levantarme de la cama y dormía hasta veinte horas al día. Los medicamentos no me ayudaban. Perdí veintiséis kilos en cinco meses porque no podía comer.

Pastor Prince, he estado escuchando sus sermones sobre la Santa Cena, algunos días durante literalmente las veinticuatro horas. Los dejo sonando mientras duermo y los escucho en las pocas horas en que estoy despierta.

La revelación que recibí sobre la Santa Cena me ha ayudado a salir de esta oscuridad y esta depresión tan profundas. Dios me mostró, mientras estaba en una fila en Walmart esperando mi medicación, que su pan de cada día era mi sanidad de cada día, para hoy, no ayer ni mañana, sino hoy. Como sucedía con el maná, si los hijos de Israel trataban de guardarlo para el día siguiente, se echaba a perder. Cada día Dios proveía maná nuevo.

Dios me dijo que lo mismo sucede con la Santa Cena. Que hoy él suple toda mi sanidad por medio de los elementos del

> MIRA AL SEÑOR JESÚS CARGANDO CON TODAS TUS ENFERMEDADES Y LLEVANDO TODAS TUS DOLENCIAS.

pan y el jugo, las cosas sencillas que representan lo que su Hijo hizo por mí en la cruz. Y me dijo que, cuando llegue mañana, me dará un nuevo pan y una nueva sanidad para ese día. Así que empecé a tomar la Santa Cena todos los días, sobre todo cuando pasaba por momentos muy oscuros.

Y aquí estoy, libre de depresión. Dios ha restaurado la esperanza en mi vida. Entender mejor la Santa Cena me ha dado esperanza y me ha mostrado que sin Jesús la esperanza es solo una palabra vacía.

¡Alabado sea Dios por su revelación! Y gracias a las personas como usted que no se apartan de la predicación de su verdad.

¡Gloria a Dios! Me regocijo con Carey, que está libre de la depresión que la había atado, y oro para que, sea cual sea tu diagnóstico, también mantengas los ojos puestos en tu Señor Jesús y recibas un suministro renovado de su sanidad día a día.

¿Acaso no amas a Jesús? ¿No encuentras una gran seguridad en saber que tu salud y tu sanidad no se basan en normas dietéticas, sino en una relación íntima con un Salvador vivo? ¿No te sientes firme y seguro sabiendo que él lo ha hecho todo por ti y que lo que a ti te corresponde es simplemente mirar a él y recibir mediante la Santa Cena su obra consumada? Hay muchas cosas más que quiero compartir contigo y que sé que te bendecirán y llenarán tu corazón de fe para recibir de él.

> **LO QUE NOS CORRESPONDE HACER ES SIMPLEMENTE MIRAR A ÉL Y RECIBIR SU OBRA CONSUMADA.**

Pero, antes de pasar al siguiente capítulo, ¿me permites animarte a hacer una pausa?

No leas este libro con prisas. No avances tan solo por tener más información acerca de la Santa Cena. No dejes que este libro te hable solo a tu cabeza. Le pido a Dios que recibas una revelación de Jesús que haga arder tu corazón dentro de ti (Lc 24.32).

Haz una pausa y tómate un tiempo para adorar al Rey de reyes y Señor de señores. Dedica tiempo a cantarle con salmos, himnos y cánticos espirituales (Ef 5.18–19). Al adorarlo, él liberará su nuevo poder sobre ti para curarte, liberarte y darte victoria. Aleluya. ¡Alabado sea el Señor por su gran bondad, su amor permanece para siempre!

8.

COMPLETAMENTE CUBIERTO, SIN EXCLUSIONES

Gracias por acompañarme hasta aquí y darme el privilegio de compartir contigo sobre un Dios que te ama tanto que entregó a su Hijo para pagar el precio de tu sanidad. A estas alturas probablemente sepas de la Santa Cena mucho más de lo que nunca supiste. También es posible que hayas aprendido algunos nuevos versículos de la Biblia, y puede que los testimonios e historias de este libro te hayan parecido inspiradores.

Pero quizás has estado estudiando tu póliza de seguro y has visto que contiene una lista de exclusiones y condiciones. O es posible que el seguro ni siquiera te cubra debido a tus problemas físicos previos, y te preguntas si el poder sanador de Dios trae también su propio conjunto de exclusiones. Después de todo, lo que Jesús hizo en la cruz ocurrió hace más de dos mil años, cuando las enfermedades modernas como el ébola y la hipertensión quizás no existían. ¿Seguiría aplicándose la Santa Cena a estos males?

En este capítulo, quiero asegurarte que *no hay exclusiones* de ninguna clase en la obra terminada de Cristo. Nuestro Señor Jesús no dejó nada fuera cuando llevó nuestras enfermedades en la cruz. Su cobertura es total y lo incluye todo, ¡y están cubiertas *todas* las enfermedades! Por favor, entiende que estoy a favor de que contrates la cobertura de seguro necesaria para ti y para tus seres queridos, como yo lo hago con mi familia. Sin embargo, mi fe y mi confianza siempre estarán ancladas en el inquebrantable poder del Señor.

Tal vez te resulte difícil creer que Dios es así de bueno. No sé por lo que has pasado. Tal vez te han herido personas de la iglesia y eso ha influido en tu visión de Dios. Tal vez sientes que todo lo que te he contado parece demasiado bueno para ser verdad, y te cuesta creer que este Dios del que he escrito quiera *curarte*.

> **JESÚS NO DEJÓ FUERA NINGUNA ENFERMEDAD CUANDO CARGÓ CON NUESTRAS ENFERMEDADES EN LA CRUZ.**

O tal vez ya te han decepcionado antes. Oraste mucho por un cambio, pero no se produjo. Confiaste en él, o un ser querido tuyo lo hizo, pero aun así la tragedia tuvo lugar. Y ahora no quieres creer porque *no te atreves* a creer. Crees que es mejor aceptar el diagnóstico del doctor porque no tiene sentido que te hagas ilusiones. Después de todo, la ciencia médica ya ha determinado que tu enfermedad es incurable. Inoperable. Intratable. Terminal. Después de todo, tienes una enfermedad muy rara. Después de todo, llevas mucho tiempo viviendo con ella.

Amigo mío, que estés leyendo este libro me dice que Dios *te ama* ¡y *no* quiere que te rindas!

Cualquier problema de salud que tu ser querido o tú estén enfrentando, Dios puede sanarlo. Aunque te hayan dado un diagnóstico muy desalentador y tus posibilidades de recuperación sean muy escasas desde el punto de vista natural, oro para que al profundizar en la Palabra de Dios hoy encuentres esperanza y fuerza. No te rindas todavía. Sigue creyendo. Independientemente de lo que la ciencia médica o los doctores hayan dicho, el nombre de Jesús está muy por encima y es más poderoso que cualquier problema médico, enfermedad o dolencia. Nada es demasiado difícil para el Señor (Jer 32.27).

SANIDAD PARA CADA PARTE DE TU CUERPO

Anteriormente, te mostré las instrucciones de Dios sobre cómo participar del cordero de Pascua, y oro para que el Espíritu Santo te haya dado ideas que hayan llevado a un nuevo nivel tu apreciación de la Santa Cena. Pero hay otra poderosa verdad que quiero destacar aquí:

> Y aquella noche comerán la carne asada al fuego, y panes sin levadura;
> con hierbas amargas lo comerán. Ninguna cosa comeréis de él cruda,
> ni cocida en agua, sino asada al fuego; *su cabeza con sus pies y sus*
> *entrañas*. (Éx 12.8–9)

En la Biblia no hay detalles insignificantes. ¿Por qué Dios mencionó específicamente que el cordero debía asarse con su cabeza, pies y entrañas? Creo que él quiere que veas que Jesús, tu Cordero pascual, llevaba *todas* las enfermedades de *todas* las partes de tu cuerpo. *No* hay ningún trastorno, lesión o dolencia que él no hubiera llevado en su propio cuerpo en la cruz.

Los israelitas habían vivido bajo la agobiante y cruel opresión de sus patrones y el horror del infanticidio. Quizás algunos de ellos sufrieron de estrés postraumático o tuvieron ataques de pánico recurrentes. Tal vez algunos tenían dolor crónico e incapacidades físicas por haber sido tratados brutalmente por sus patrones. No es difícil imaginar que también sucumbirían a brotes y epidemias como la tuberculosis. Pero, sea cual sea la enfermedad que hubieran sufrido, creo que se curaban al comer la cabeza, pies y entrañas asadas del cordero.

Del mismo modo, Dios quiere que tus seres queridos y tú sean sanados de cualquier dolencia que afecte a cualquier parte de su cuerpo. Si un ser querido o tú tienen un mal neurológico,

NO HAY *NINGUNA* ENFERMEDAD, LESIÓN O DOLENCIA QUE NO HAYA LLEVADO EN SU CUERPO EN LA CRUZ.

como migrañas crónicas, encefalitis, meningitis, demencia, o están sufriendo los efectos de un derrame cerebral, contemplen el cerebro de su Salvador afligido por ese mal en la cruz cuando participan de la Cena del Señor. Medita en cómo él tomó estas enfermedades para que tú puedas liberarte plenamente de ellas (Mt 8.17).

MADRE LIBERADA DEL ALZHEIMER DESPUÉS DE TOMAR LA SANTA CENA

En el capítulo 5, te conté cómo Marcus se curó del Alzheimer. Permíteme compartir contigo otro poderoso testimonio de sanidad de la enfermedad de Alzheimer que me envió Paula, de Texas:

Mi madre estaba destrozada por la enfermedad de Alzheimer. Estaba tan deteriorada que no reconocía a sus familiares. Mi padre me dijo que incluso a veces no lo reconocía a él.

Mis padres viven conmigo, así que puedo ver las luchas y dificultades que viven a cada momento. Era una existencia muy desgraciada para ella y para los que tratamos de cuidarla. Había momentos en los que extrañaba a mi madre y deseaba verla bien de nuevo.

Entonces, un día, mi hermana compartió conmigo un testimonio de alabanza después de seguir su enseñanza sobre la Santa Cena, así que empecé de inmediato a tomar la Santa Cena con mi madre.

Ella se fue a la cama la tercera noche después de recibir la Santa Cena y se despertó al día siguiente con un aspecto diez años más joven. Estaba haciendo de nuevo todas las cosas que había olvidado hacer. Ahora recuerda quiénes somos. Ha dejado

DIOS QUIERE QUE TE SANES DE CUALQUIER MAL QUE AFECTE A CUALQUIER PARTE DE TU CUERPO.

de repetirse, algo que solía hacer constantemente, y ahora es una alegría estar con ella. ¡Jesús ha sanado su mente y la ha liberado!

Alabado sea Jesús por su obra consumada en la cruz. Seguimos regocijándonos por su regreso. Le he preguntado sobre su experiencia y lo único que podía decir era que estaba perdida y atrapada, pero que eso ya ha pasado.

Estoy muy feliz por mi madre y por nuestra familia. Escribo esto para que otros tengan esperanza en medio de alguna enfermedad que no parece presentar esperanza de recuperación. Nada es demasiado grande para la obra consumada de Cristo Jesús y lo alabo por ello. Ahora mi madre me pregunta si vamos a tomar la Santa Cena, así que lo hago con ella todos los días.

Gracias, pastor Prince, por su enseñanza sobre la obra consumada de Cristo Jesús. ¡Ha liberado a mi madre!

¡A Dios sea toda la gloria y toda la alabanza! Al ir entrando en una edad avanzada, no aceptes la mentira de que te volverás más olvidadizo. Cuando el salmista escribió que Dios «restaura mi alma» (Sal 23.3, LBLA), usó la palabra *nephesh* para *alma*. *Nephesh* incluye tu vida, tus emociones y también tu mente.[1] Incluso si has experimentado algún proceso degenerativo en esta área, el Señor puede restaurar. Y, cuando el Señor restaura, su restauración supera siempre al original en calidad.

> **LA RESTAURACIÓN DE DIOS ES SIEMPRE MEJOR QUE LO QUE HABÍA ANTES.**

El mundo dice que, conforme se acumulan tus días y envejeces, tu fuerza disminuye. Pero la Palabra declara: «Como tus días serán tus fuerzas» (Dt 33.25). ¿A quién vas a creer? Sigue participando de la Cena del Señor y contémplate siendo partícipe de la mente de Cristo. ¡Declaro en el nombre de Jesús que tu mente está cada vez más sana!

REDIMIDA DEL ESTRÉS Y DE LAS ENFERMEDADES RELACIONADAS CON ÉL

Antes de que Jesús fuera herido por nuestras enfermedades, la Biblia dice que en el huerto de Getsemaní estaba sufriendo tal presión que «era su sudor como grandes gotas de sangre que caían hasta la tierra» (Lc 22.44). La ciencia médica te dirá que existe un raro trastorno llamado hematidrosis, en el que una persona bajo estrés extremo suda sangre.[2] Creo que esto es lo que le pasó a Jesús. De su frente caían grandes gotas de sangre.

Esto tiene importancia por lo que pasó en otro huerto, el del Edén. La Biblia nos dice que en ese lugar, Adán, el primer hombre, pecó, y Dios le dijo:

> «¡Maldita será la tierra por tu culpa! Con penosos trabajos comerás de ella todos los días de tu vida. La tierra te producirá cardos y espinas, y comerás hierbas silvestres. Te ganarás el pan *con el sudor de tu frente*» (Gn 3.17–19, NVI)

Debido al pecado de Adán, la tierra fue maldecida, y como resultado Adán tenía que trabajarla y sudar para que produjera alimentos. En otras palabras, el trabajo se volvió algo estresante para el hombre. Pero, cuando el sudor de Jesús se mezcló con su sangre redentora, él nos liberó de la maldición del estrés.

Las espinas también son una imagen de las preocupaciones de este mundo. Cuando Jesús explicó la parábola del sembrador, se refirió a las espinas como «el afán de este siglo y el engaño de las riquezas» (Mt 13.22). No es de extrañar que Jesús permitiera que le clavaran la corona de espinas en la cabeza. La próxima vez que

> CUANDO EL SUDOR DE JESÚS SE MEZCLÓ CON SU SANGRE REDENTORA, NOS LIBERÓ DE LA MALDICIÓN DEL ESTRÉS.

participes de la Santa Cena, no lo hagas con prisa. Mira a tu Señor Jesús atravesado no solo por los clavos, sino también por las espinas.

Fue todo por ti. Fue todo por tu libertad. Los hijos de Israel fueron liberados de las cadenas y grilletes físicos. Hoy te declaro en el nombre de Jesús que estás liberado de las cadenas del estrés y de cualquier enfermedad inducida por él.

El estrés puede provocar enfermedades cardiovasculares, trastornos alimenticios, problemas menstruales, disfunciones sexuales, problemas gastrointestinales, así como de piel y cabello. Si estás actualmente enfrentando problemas en cualquiera de estas áreas, la sangre de Cristo te ha redimido, su sangre te ha salvado. Quiera Dios que camines en la plenitud de todo lo que él te dio con su muerte.

SANIDAD DE ENFERMEDADES DE OJOS, NARIZ, GARGANTA, OÍDO Y BOCA

No olvides que tus ojos, nariz, garganta, oídos y boca están todos en tu cabeza. Si sufres algún mal en cualquiera de estas partes, contempla tu órgano afectado en el cuerpo de Jesús en la cruz. Por ejemplo, si te han diagnosticado un problema oftalmológico, como glaucoma, cataratas o hipertensión ocular, mira los ojos de Jesús afectados por esas dolencias mientras estaba colgado en la cruz, y recibe tus ojos perfectos y sanos.

SANIDAD PARA TUS EXTREMIDADES

¿Sufres algún mal que te debilite las piernas o que afecte a tu movilidad? Ya sea que el dolor o la enfermedad se deban a un accidente, deterioro o lesión, Dios quiere liberarte de él.

Al participar de la Cena del Señor, contémplate comiendo las extremidades asadas del Cordero y recibe fuerza. Mira a Jesús tomando cada problema de músculo, rodilla o tobillo por ti, y mira sus pies clavados en la cruz para que los tuyos sean libres de ir a donde quieras.

SANIDAD PARA TUS ÓRGANOS INTERNOS

Dios también les dijo a los israelitas que se comieran las entrañas asadas del cordero. A estas alturas probablemente sepas por qué, para que *tus* entrañas puedan estar completamente bien.

Las entrañas son todos los órganos internos, y eso incluye el estómago, los intestinos, el corazón, los riñones, el hígado, la próstata y los órganos reproductores. Cualquiera que sea tu dolencia, ya sea síndrome de colon irritable, úlcera estomacal, cirrosis, enfermedad crónica de las vías respiratorias inferiores o neumonía, contempla a Jesús en la cruz herido por tu enfermedad y recibe su perfecta salud en estas partes de ti.

SANIDAD PARA TODOS LOS MALES

Sea cual sea el mal que sufras en cualquier parte de tu cuerpo, quiero que sepas que Jesús cargó con todas las enfermedades en la cruz. Aunque Dios les indicó a los hijos de Israel que comieran específicamente la cabeza del cordero de la Pascua con sus extremidades y entrañas, se asaba el cordero *entero*. Esto significa que no importa con qué enfermedad estés luchando hoy, Jesús la cargó sobre sí.

A ti te corresponde seguir participando del canal de salud divina que Dios te ha concedido hasta que veas la manifestación de tu victoria. Tu parte consiste en alzar tus manos hacia él y decir: «Señor Jesús, recibo tu sanidad. Por las

> **MIRA A JESÚS EN LA CRUZ HERIDO POR TU ENFERMEDAD Y RECIBE TU PERFECTA SALUD.**

heridas que te hicieron, cada parte de mi cuerpo, cada célula, cada órgano, está curado y funciona de la mejor manera. Gracias, Jesús, por tu sanidad».

REDIMIDOS DE LA MALDICIÓN DE LA LEY

Le pido a Dios que hayas tenido un vislumbre de la absoluta perfección de su obra consumada en la cruz, y de cuánto te ama, al haber soportado todas las enfermedades imaginables sobre su cuerpo para que tú *no* tengas que sufrirlas.

Pero no he terminado de mostrarte cómo puedes acudir a la cruz para *cualquier* dolencia o problema de salud. La Biblia dice que nuestro Señor Jesús nos redimió de *toda* maldición de la ley para que pudiera caer sobre nosotros la bendición de Abraham:

> Cristo nos redimió de la maldición de la ley, hecho por nosotros maldición (porque está escrito: Maldito todo el que es colgado en un madero), para que en Cristo Jesús la bendición de Abraham alcanzase a los gentiles, a fin de que por la fe recibiésemos la promesa del Espíritu. (Gá 3.13–14)

Deuteronomio 28 contiene una lista de maldiciones muy larga y detallada. Le pregunté al Señor por qué se tomó tanto tiempo para especificar los detalles de las maldiciones, y me mostró que fue para que, después de que Jesús muriera en la cruz, supiéramos de qué cosas nos había redimido. Cuando entendí eso, la lectura de las maldiciones se convirtió en una bendición para mí porque me recuerda que hemos sido redimidos de *todas y cada una* de las maldiciones.

No podríamos repasar todas las maldiciones, pero quiero centrarme en las que se refieren a enfermedades y dolencias. Déjame mostrarte de qué nos ha redimido exactamente Jesús a ti y a mí:

- Tisis (enfermedades que deterioran los pulmones), fiebre e inflamación (Dt 28.22)
- Llagas purulentas, tumores, escorbuto, «picazón incurable» (Dt 28:27, NTV)
- Locura, ceguera y pánico (Dt 28.28, NTV)
- Pústula maligna incurable (Dt 28.35)
- Plagas grandes y permanentes, y enfermedades malignas y duraderas (Dt 28.59)

Vaya. ¿No te alegras de que Cristo te haya redimido de la maldición de la ley? Te ha redimido de todas las enfermedades y dolencias mencionadas en Deuteronomio 28. Y si piensas que tu mal en particular no está del todo cubierto, la Biblia prosigue mencionando «todos los males de Egipto» (Dt 28.60). Egipto representa el mundo. Como pueblo de Dios, no tenemos que temer las enfermedades que sufre el mundo porque él nos ha sacado del mundo, y ahora, aunque podemos estar *en* el mundo, no somos *de* este mundo (Jn 17.11, 14).

No solo eso.

También incluye «toda enfermedad y toda plaga que no está escrita en el libro de esta ley» (Dt 28.61).

¡Aleluya! ¿Puedes ver que *todas* las enfermedades y *todas* las dolencias forman parte de la maldición de la ley y que Cristo nos ha redimido de *toda* maldición? Dios desea tanto tu bendición física que, así como puso todos tus pecados en el cuerpo de Jesús, también puso todas tus enfermedades en su cuerpo. Dios te ama tanto que permitió que su propio Hijo *fuera hecho* maldición para que tú pudieras ser redimido de la maldición de la ley.

Eso no significa que el enemigo no intente imponer los síntomas de la maldición en tu vida. Pero, cuando el enemigo intente provocarte un síntoma de la maldición, puedes rechazarlo. Niégate a aceptarlo. ¡Ya has sido redimido de ese síntoma en el nombre de Jesús!

DIOS PUEDE ABRIR UN CAMINO

Es probable que yo no entienda del todo las circunstancias por las que estás pasando o la intensidad de tu desesperación al ver a tu ser querido luchando por su vida. Pero esto es lo que sé: Dios *te* ama más de lo que puedas comprender, y *puede* abrirte un camino incluso cuando parece que no lo hay.

Éxodo 14 narra cómo los hijos de Israel se creyeron sentenciados cuando el poderoso ejército egipcio se les acercaba. La muerte parecía inevitable. O los masacraban los egipcios o perecían sepultados en el mar Rojo. Pero quiero que veas lo que les dijo Moisés:

> Y Moisés dijo al pueblo: No temáis; estad firmes, y ved la salvación que Jehová hará hoy con vosotros; *porque los egipcios que hoy habéis visto, nunca más para siempre los veréis.* Jehová peleará por vosotros, y vosotros estaréis tranquilos. (Éx 14.13–14)

Entonces Dios abrió el mar, y los hijos de Israel «fueron por en medio del mar, en seco» (Éx 14.29). Pero Dios no se detuvo ahí. Hizo que el mar recuperara su profundidad total mientras las temibles tropas de Faraón seguían persiguiéndolos, y me encanta cómo lo explica la Biblia: «No quedó de ellos ni uno» (Éx 14.28).

CUANDO EL ENEMIGO TRATA DE PROVOCARTE UN SÍNTOMA DE MALDICIÓN, NIÉGATE A ACEPTARLO.

Querido amigo, tu ser querido o tú quizás se estén enfrentando a una situación médica desalentadora y aparentemente imposible. Tu desasosiego y tus lágrimas no pueden cambiar la situación, pero hay Uno que sí puede. No tengas miedo. Mantente firme y ve la salvación del Señor. *Él* peleará por ti. *Él* vencerá a tus enemigos por ti. No sigas preguntando *por qué* padeces esa enfermedad. No aceptes la enfermedad ni creas la mentira de que mereces estar enfermo por el mal que has hecho. El Señor Jesús *ya* ha pagado el precio por tu plena salud. Tú solo pon tu mano en la suya y deja que te guíe a través de tu situación.

Él hará que camines por tierra firme en medio del mar. Los diagnósticos, estadísticas y síntomas negativos que ves pueden hablar de una situación sin salida, pero Dios *abrirá* un camino que dejará perplejos a todos los que te rodean. El mar Rojo donde pensaste que te ahogarías se convertirá en la sepultura de tus enemigos. Puede que hoy veas esos síntomas opresivos, ¡pero no los verás *nunca más*!

> **MANTENTE FIRME Y VE LA SALVACIÓN DEL SEÑOR. ÉL PELEARÁ POR TI.**

Te veo ya sin migrañas. Sin inflamación en las articulaciones. Sin esa fatiga discapacitante. Sin ese pronóstico negativo sobre el bebé que llevas dentro. Sin sangre en la orina. ¡No quedará nada de eso!

Aun cuando los expertos hayan dicho que solo te quedan meses o incluso días de vida, Dios puede abrir un camino. En la cara misma de la muerte, alza los elementos de la Santa Cena y proclama que su sangre te da vida. Su sangre te da el perdón de los pecados. Aunque los médicos hayan intentado todo lo que saben y tu ser querido siga sin responder, el Señor puede abrir un camino. Aunque hayas estado sometido a interminables rondas de tratamiento y medicación desde que tienes memoria, ¡él puede abrirte camino!

SANADO DE LA ENFERMEDAD DE MÉNIÈRE

Uno de mis líderes compartió conmigo cómo, cuando repentinamente sufrió unos ataques de vértigo intenso que lo incapacitaron durante horas, los médicos le diagnosticaron la enfermedad de Ménière. No sabía qué los provocaba, pero, cuando le daba un ataque de vértigo, le entraban arcadas y se ponía a vomitar sin control. También experimentaba regularmente síntomas de tinnitus, todos los sonidos de su alrededor se magnificaban o distorsionaban y no podía oír lo que la gente le decía.

No hace falta decir que era algo aterrador, porque los ataques eran repentinos e impredecibles y podían venirle mientras conducía. Sus médicos le dijeron que era un mal genético, ya que a su madre también le habían diagnosticado la enfermedad de Ménière años antes. Le dijeron que, aunque podían recetarle medicamentos para controlar los síntomas, no había cura para su enfermedad. De hecho, le advirtieron que los síntomas podrían empeorar.

Mientras tanto, cada vez que sufría un ataque, se volcaba sobre la taza del inodoro, con arcadas y vómitos hasta quedar exhausto. Se sentía como si estuviera atrapado en las agitadas aguas de una violenta tormenta de la que no podía escapar.

Entonces, un día, mientras pasaba tiempo con la Palabra de Dios, el Señor lo llevó a este pasaje:

«He aquí que todos los que se enojan contra ti serán avergonzados y confundidos; serán como nada y perecerán los que contienden contigo. Buscarás a los que tienen contienda contigo, *y no los hallarás; serán como nada, y como cosa que no es, aquellos que te hacen la guerra.* Porque yo Jehová soy tu Dios, quien te sostiene de tu mano derecha, y te dice: No temas, yo te ayudo». (Is 41.11–13)

Dijo: «Cuando Dios me dio esta palabra, seguí meditando en ella y la mantuve en mi espíritu. Las palabras «serán [...] como cosa que no es» me saltaban a la vista, y yo *sabía* que ya lo tenía. Estaba sanado.

No vio la plena manifestación de su sanidad al instante, pero tenía fe en que ya estaba curado *por la palabra que recibió.* La fe es la certeza de las cosas esperadas, «la convicción de lo que no se ve» (Heb 11.1). Así que, incluso antes de ver la realidad, *sabía* que estaba curado.

Continuó participando de la Santa Cena con regularidad, pero ya no lo hacía con el miedo de que los síntomas lo debilitaran cada vez más. Al contrario, participaba sabiendo que *ya* estaba sanado y, después de algún tiempo, «dejé por completo de experimentar los síntomas». Ahora mismo, mientras escribo esto, lleva más de un año completamente libre de síntomas. ¡Toda la gloria a nuestro amado Salvador!

> ÉL PUEDE ABRIR CAMINO CUANDO PARECE QUE NO LO HAY.

¡Qué pasaje tan poderoso para meditar si te enfrentas hoy a los enemigos de la enfermedad y las dolencias! ¿No te recuerda lo que el Señor hizo por los hijos de Israel cuando les abrió el mar Rojo cuando parecía que todo estaba perdido? El Señor no hace acepción de personas. Pon tu confianza en él. Dios puede abrirte un camino cuando parece que no lo hay. Si lo hizo por los hijos de Israel, y lo hizo por el hermano de mi iglesia, también puede hacerlo por ti.

LA PALABRA DE DIOS TRAE VIDA Y SANIDAD A TODO TU CUERPO

En el testimonio que acabamos de leer, me encanta que, incluso antes de dejar de experimentar síntomas, el hermano tuvo fe en que ya estaba curado *por la palabra que recibió*. Estoy seguro de que no siempre le fue fácil creer que estaba curado, sobre todo en los momentos en que se encontraba vomitando sin control. Pero peleó todas las batallas de miedo e incredulidad armado con ese versículo del Señor, y eso es lo que quiero animarte a hacer tú también. Busca promesas del Señor para ti en las Escrituras y aférrate a ellas.

COMO JESÚS ES, ASÍ ERES TÚ EN ESTE MUNDO

He recibido muchos otros testimonios de sanidad en los que personas muy valiosas fueron sanadas al aferrarse a promesas concretas para ellos en la Biblia. Hace algunos años, prediqué sobre 1 Juan 4.17, que dice:

«Pues como él es, así somos nosotros en este mundo». Nuestro Señor Jesús llevó nuestros pecados y enfermedades sobre su cuerpo en la cruz, y se levantó de la tumba *sin ellos*. Esto significa que, así como Jesús no tiene ninguna enfermedad y se encuentra en un estado de plena salud divina, así estamos nosotros en este mundo. Así como él está coronado con gloria y honor, así estamos nosotros en este mundo.

Había una señora en mi iglesia que escuchó mi mensaje. Esa semana tuvo que ir a hacerse una mamografía. Cuando le llegaron los resultados, mostraban que había un bulto en su seno. Sus doctores estaban preocupados y le dijeron que volviera esa tarde para sacarle algunas muestras para una biopsia.

¿Sabes lo que hizo?

Escribió en su informe médico: «Como Jesús es, así soy yo en este mundo. Señor Jesús, ¿tú tienes bultos en el pecho?».

Yo vi en persona su informe con esas palabras escritas en la parte superior. Y luego oró: «Señor, como eres tú, que estás libre de bultos, *así soy yo* en este mundo». Nada más. Fue una sencilla oración.

Cuando regresó esa tarde, los doctores la revisaron una y otra vez. ¡Pero no pudieron encontrar *ningún* bulto!

Los médicos estaban perplejos y no podían explicar cómo había desaparecido el bulto así sin más. No necesitamos saber cómo; solo necesitamos saber *quién*. Fue nuestro Jesús quien la sanó. ¡Aleluya!

Lo maravilloso es que he recibido testimonios de muchas otras personas preciosas que se animaron con el testimonio de alabanza de esta señora. Se apoyaron en este mismo versículo y siguieron confesándolo sobre su propio caso hasta que recibieron su cambio de estado.

VENCER AL ENEMIGO CON LA PALABRA DE NUESTRO TESTIMONIO

Creo que muchos otros recibieron su propio milagro después de leer el testimonio de alabanza de esta hermana porque leer testimonios es algo que Dios usa. Por eso la Biblia está repleta de testimonios de sanidad. El Espíritu Santo registró multitud de historias de sanidades, muchas de ellas con gran detalle, por nuestro bien.

Para el Señor no hay sanidad demasiado grande o demasiado pequeña. Testimonios como el de la suegra de Pedro, que se curó de la fiebre (Mt 8.14–15), el del hombre cuya mano seca se volvió tan saludable como la otra (Mt 12.9–13), el de la mujer que llevaba dieciocho años encorvada y no podía estar erguida (Lc 13.11–13), quedaron registrados para nosotros. Hay testimonios de alabanza de ciegos sanados (Jn 9.1–7; Mr 8.22–25; Lc 18.35–43; Mt 9.27–30), de oídos sordos abiertos (Mr 7.32–35) y de mudos que hablaron (Mt 9.32–33). Hay testimonios de personas que murieron y fueron devueltas a la vida (Jn 11.1–44; Mr 5.35–42).

> NO HAY SANIDAD DEMASIADO GRANDE NI DEMASIADO PEQUEÑA PARA EL SEÑOR.

También en el Antiguo Testamento hay relatos de sanidades. Naamán fue curado de la lepra (2 R 5.1–14). Ezequías tenía una enfermedad terminal y le dijeron que no se recuperaría, que iba a morir, pero Dios lo sanó y le alargó la vida quince años (2 R 20.1–7). Y estos son solo algunos de los muchos testimonios que quedaron registrados en la Palabra de Dios para nosotros.

TESTIMONIOS DE SANIDADES DESPUÉS DE TOMAR LA SANTA CENA

A lo largo de los años, he recibido innumerables testimonios de personas que fueron sanadas al seguir participando por fe de la Santa Cena. Una mujer nos escribió para compartir cómo su padre, que había estado en cuidados intensivos, fue arrebatado del borde de la muerte. Relató con detalle cómo su padre mejoraba cada vez que participaban de la Santa

Cena por él. Comenzó con la recuperación parcial de sus funciones renales, luego se estabilizaron su ritmo cardíaco y su presión sanguínea, y luego pudo respirar sin asistencia. Finalmente, le dieron el alta y pudo celebrar su ochenta y seis cumpleaños en su restaurante favorito. Hasta su doctor admitió que su recuperación fue un milagro.

Llegaron varios testimonios de personas que se curaron de cáncer. Un hermano que sufría una inflamación encefálica y tenía muy pocas posibilidades de sobrevivir fue curado. Otra persona testificó de haber dado a luz a un bebé sano sin síndrome de Down, aunque le habían diagnosticado al bebé este trastorno genético. Otra persona contó que había sufrido un dolor constante al romperse la cadera y se curó. Un bebé que nació diez semanas antes de tiempo y que padecía múltiples problemas de salud se sanó. Hubo quienes se curaron de severos ataques de ansiedad, depresión profunda y trastornos del sueño. Hubo testimonios de personas que se curaron de lupus, asma, enfermedades de la piel, tumores, dolores gástricos y muchas otras dolencias.

Amigo mío, Jesús es el mismo ayer, hoy y siempre, y sigue sanando hoy.

No importa cuál sea tu problema de salud hoy. Él puede sanarte. La Santa Cena no es un truco, no es un ritual, no es una costumbre sentimental. Es la mayor expresión del amor de Dios. Cuando participas del pan con esta revelación, liberas tu fe para recibir tu salud y plenitud en lugar de tus enfermedades y dolencias. Cuando bebes la copa, se te recuerda que la sangre del santo Hijo de Dios no solo te trajo el perdón, sino que también te hizo eternamente justo, santo y sin mancha. Así que hoy, por el cuerpo partido y la sangre derramada del Señor, tienes una posición perfecta ante el Padre, y sus oídos están atentos al más leve de tus suspiros.

> **SUS OÍDOS ESTÁN ATENTOS AL MÁS LEVE DE TUS SUSPIROS.**

En este libro solo puedo compartir una pequeña muestra de los testimonios, pero hay muchos más testimonios de alabanza que pueden darte ánimo. Mi equipo ha preparado un sitio web donde puedes leer los testimonios. Si crees que Dios va a traer un cambio a tu vida, por favor, visita JosephPrince.com/eat y dedica un tiempo a leer los informes de alabanza. Y cuando recibas ese cambio, por favor, escríbeme usando el formulario de JosephPrince.com/eat para que podamos seguir añadiendo testimonios.

Sea lo que sea lo que estés enfrentando hoy, deseo que estos testimonios te hagan tener fe, aunque sea solo un poquito. Nuestro Señor Jesús dijo a sus discípulos que, si tenían fe como un grano de mostaza, nada les sería imposible (Mt 17.20). ¿Sabes lo pequeño que es un grano de mostaza? Es literalmente un puntito. ¡Y eso es todo lo que necesitas!

> CUANTO MÁS LEAS LOS TESTIMONIOS DE SU BONDAD Y FIDELIDAD, MÁS FE TENDRÁS EN TU SANIDAD.

Tal vez no tienes fe para creer que tu problema de salud desaparecerá inmediatamente. ¿Pero puedes tener fe para creer que Dios te ama de verdad? ¿Que realmente es tan bueno como la Palabra dice que es? Entonces, comencemos por ahí. Creo que, cuanto más leas los testimonios de su bondad y fidelidad y cuanto más te sumerjas en escuchar acerca de Jesús y su obra consumada, más fe tendrás en tu sanidad.

Espero recibir tu testimonio de alabanza. Prendamos juntos la fe de otros que aún creen en un cambio. David empuñó la misma espada que Goliat trató de usar contra él para cortarle la cabeza al gigante. Cuando compartes tu testimonio, eso es lo que estarás haciendo. Estarás permitiendo que el Señor use lo que el diablo quería usar contra ti y lo cambie para bien y para tu gloria. Estarás ayudando a otros a vencer al enemigo por medio de la palabra de tu testimonio (Ap 12.11).

9.

¡NO TE RINDAS!

Espero que hayas tenido la oportunidad de leer algunos de los testimonios en el enlace que compartí en el capítulo anterior. ¿No te alegra que tengamos un Dios de milagros y que siga sanando, salvando y liberando hoy?

Pero tal vez llevas algún tiempo participando de la Santa Cena y parece que no pasa nada. Tal vez estés cansado de escuchar los testimonios de los demás porque no puedes evitar pensar: *¿Y yo qué, Señor? ¿Te has olvidado de mí? ¿Cuándo voy a recibir mi sanidad? ¿Cuánto tengo que esperar?*

Querido amigo, quiero que sepas que está bien que clames al Señor y le preguntes: «¿Hasta cuándo, Señor?».

Eso es lo que hizo el salmista David, y podemos leer las palabras que le vertía al Señor en su angustia:

> ¿Hasta cuándo, Jehová? ¿Me olvidarás
> para siempre?
> ¿Hasta cuándo esconderás tu rostro
> de mí?

ESTÁ BIEN QUE CLAMES AL SEÑOR Y LE PREGUNTES: «¿HASTA CUÁNDO, SEÑOR?».

> ¿Hasta cuándo pondré consejos en mi alma,
>
> Con tristezas en mi corazón cada día?
>
> ¿Hasta cuándo será enaltecido mi enemigo sobre mí? (Sal 13.1–2)

Dios te ama y se preocupa por ti. Él conoce el desaliento que te abruma cuando sientes que el enemigo de la enfermedad te ha dominado por tanto tiempo y Dios parece tan lejano. Él no se sorprende cuando expresas tales pensamientos. Quiere que corras hacia él incluso cuando tienes esos pensamientos. Dios sabe exactamente por lo que estás pasando y la desesperación que parece aplastarte. Tú llévaselo todo al Señor, pero no te quedes en ese lugar de desánimo.

LLÉVALE TODA TU DESESPERACIÓN AL SEÑOR, PERO NO TE QUEDES EN ESE LUGAR DE DESÁNIMO.

Continúa leyendo lo que escribió David. El salmo 13 termina así:

> Mas yo en tu misericordia he confiado;
>
> Mi corazón se alegrará en tu salvación.
>
> Cantaré a Jehová,
>
> Porque me ha hecho bien. (Sal 13.5–6)

Mas...

Una palabra breve que marca toda la diferencia.

Quizás sientas que la desesperanza te supera, *pero* no te rindas. En el hebreo original, la palabra que el salmista David usó para *misericordia* es *hesed* (gracia), mientras que la palabra *salvación* es *yeshúa*. Sigue confiando en su gracia. Mantén tus ojos en tu *Yeshúa*, tu Jesús. Tu salvación, es decir, tu bienestar, liberación y victoria, se encuentra en él.

Hablando con el Señor y pasando tiempo en su presencia, descubrirás que él no te da la respuesta; él *es* la respuesta. Aun cuando tus circunstancias externas parezcan no cambiar, te darás cuenta de que *has* cambiado. Mira lo que le pasó a David mientras clamaba a Dios en el salmo 3:

¡Oh Jehová, cuánto se han multiplicado mis adversarios!

Muchos son los que se levantan contra mí.

Muchos son los que dicen de mí,

No hay para él salvación en Dios. *Selah*

Mas tú, Jehová, eres escudo alrededor de mí;

Mi gloria, y el que levanta mi cabeza. (Sal 3.1–3)

¿Te fijaste en el *selah* del salmo? En los salmos de David encontrarás esos «momentos de *selah*». Significan que David hacía una pausa... y escuchaba.

En esos momentos, David apartaba los ojos de sus problemas y miraba a su Dios. En esos momentos, creo que volvía a recordar que no tenía que pelear él sus batallas porque el Señor de los ejércitos peleaba por él (1 S 17.45–47). Volvía a recordar al Dios que lo había liberado de la garra del león y del oso, el Dios que venció a Goliat sin espada ni lanza. Y, mientras miraba al Señor, se fortalecía en él (1 S 30.6), y fue entonces cuando las cosas empezaron a cambiar.

El cambio se produjo cuando dejó de fijar la mirada en sus dolorosas y terribles circunstancias y se dejó absorber por la *gracia* del Señor, cuando hizo una pausa y entró en sintonía con aquello a lo que el Señor le estaba animando en su interior.

Creo que, en esos pocos momentos de meditación sobre la bondad y la misericordia de Dios, escuchó al Señor decirle: «David, ¿por qué te preocupa que toda esta gente venga contra ti? *Yo* soy tu escudo. *Yo* soy tu gloria y el que levanta tu cabeza». Eso fue lo que marcó para David el punto de inflexión en la situación. El consuelo de Dios le llegó a David cuando eligió *Selah*.

CORRE HACIA EL SEÑOR EN PRESENCIA DE TUS ENEMIGOS.

¿Te parece que tus enemigos se han multiplicado y se están levantando muchos contra ti? ¿Has estado recibiendo un diagnóstico negativo tras otro del doctor? Tal vez ingresaste en el hospital por una dolencia. Pero, al examinarte, los médicos encontraron más cosas preocupantes, cosas de las que no eras consciente hasta entonces. Y ahora tienes el corazón cargado porque sientes que tal vez ni siquiera Dios puede ayudarte.

En momentos como este, haz lo mismo que David.

Selah.

Haz una pausa y elige correr hacia el Señor en presencia de tus enemigos.

Cuando David volvió al salmo, sus enemigos seguían ahí. Pero podía levantarse y declarar: «Mas tú, Jehová, eres escudo alrededor de mí; mi gloria y el que levanta mi cabeza».

En tus momentos de *selah* con el Señor, encontrarás tu punto de inflexión y la victoria. No te desanimes. No huyas de él. Corre *hacia* él y adórale.

Y, si no sabes por dónde empezar, ¿puedo invitarte a unirte a nosotros? Como iglesia tuvimos hace algún tiempo una experiencia poderosa, íntima y liberadora adorando con los salmos de David, y nos encantaría que tú también la tuvieras. Puedes hacerlo visitando JosephPrince.com/eat. ¡Exalta al Señor y su *hesed* en lugar de magnificar tus problemas, y observa cómo trae victoria a tu situación!

> ¡EXÁLTALO A ÉL EN LUGAR DE MAGNIFICAR TUS PROBLEMAS, Y OBSERVA CÓMO TRAE LA VICTORIA A TU SITUACIÓN!

TU SANIDAD PUEDE TENER LUGAR INSTANTÁNEAMENTE

Puedes recibir la sanidad a través de la oración de fe (Mr 11.24), y muchas veces, durante nuestros servicios, cuando fluyen los dones de sanidades hay personas que se curan instantáneamente (1 Co 12.9).

Me encanta cuando Dios derrama los dones del Espíritu Santo. Cuando los derrama, no lo hace desde una jarra, ni siquiera desde un barril. Es como si todo el cielo se derramara sobre nosotros, y no importa cuán grande sea nuestro auditorio y cuántos otros lugares de servicio tengamos, no podemos contener todo el bien que Dios tiene para nosotros.

Hay algo poderoso en estar en la iglesia cuando se ensalza el nombre de nuestro Señor Jesús. Cuando la iglesia se reúne se pone en marcha una unción corporativa porque Jesús dijo: «Porque donde están dos o tres congregados en mi nombre, allí estoy yo en medio de ellos» (Mt 18.20).

Allí donde Jesús está, la muerte se convierte en vida y resurrección, la debilidad se convierte en fuerza, lo poco se convierte en mucho, y en la presencia del Señor hay plenitud de gozo y delicias para siempre (Sal 16.11). En su presencia, experimentarás la resurrección y la vida (Jn 11.25). Por eso la Biblia nos dice que no dejemos de congregarnos (Heb 10.25). Cuando nos reunimos, él está en medio de nosotros.

POCO A POCO ECHARÁ A TUS ENEMIGOS

EN EL MOMENTO EN QUE PARTICIPAS DE LA SANTA CENA CON FE, TU SANIDAD HA COMENZADO.

Me encantaría que todos recibieran siempre una sanidad inmediata y completa. Pero, aunque sabemos que pueden producirse milagros de sanidad instantánea, déjame decirte que no tienes por qué tener una manifestación instantánea o sentir que sucede algo tangible en tu cuerpo para saber que Dios te está sanando. En el momento en que tomas la Santa Cena con fe, tu sanidad ha comenzado. No te desanimes si no recibes una manifestación instantánea de tu sanidad.

La mayoría de las personas que han enviado sus testimonios de sanidad a mi ministerio no fueron sanadas en una reunión de oración espectacular ni por la imposición de manos de un hombre o mujer de Dios. Fueron sanados gradualmente por el Señor mientras participaban del canal a través del cual nos ordenó recibir su vida y salud sobrenatural: la Santa Cena.

En el capítulo 1, te conté cómo el apóstol Pablo había subrayado la razón por la que muchos en la iglesia estaban débiles y enfermos. La razón que dio no fue «insuficiente imposición de manos sobre los enfermos» o «insuficientes reuniones de sanidades». La razón que dio fue no «discernir el cuerpo del Señor» (1 Co 11.29–30).

A veces, las enseñanzas sobre la oración de fe pueden presionarte para que creas que en cuanto oras tienes una sanidad completa. Pero la verdad es que la mayoría de nosotros no tenemos ese tipo de fe. Los dones de sanidades operan como el Espíritu quiere (1 Co 12.11), y no como quiere el hombre. Cuando se trata de la Santa Cena, no hay presión. Cada vez que participas de ella en fe, recibes una medida de sanidad. Cada vez que participas, mejoras más y más.

> **CADA VEZ QUE PARTICIPAS DE LA SANTA CENA CON FE, RECIBES UNA MEDIDA DE SANIDAD.**

A veces nos impacientamos y queremos que el Señor eche a todos nuestros enemigos a la vez. ¿Puedo mostrarte un pasaje que espero que te anime? Esto es lo que el Señor les dijo a los hijos de Israel cuando se preparaban para entrar en la tierra prometida:

«No los echaré de delante de ti en un año, para que no quede la tierra desierta, y se aumenten contra ti las fieras del campo. Poco a poco los echaré de delante de ti, hasta que te multipliques y tomes posesión de la tierra» (Éx 23.29–30)

Poco a poco.

Sí, poco a poco.

Hoy en día no nos enfrentamos a los heveos, a los heteos ni a los cananeos, como los hijos de Israel. Nuestros enemigos podrían ser la insuficiencia renal, la leucemia o la hipertensión.

Sea lo que sea, no te desanimes. Los síntomas pueden seguir presentes aunque hayas tomado la Santa Cena, pero sigue participando de ella. La manifestación de tu sanidad viene de camino. El enemigo está siendo expulsado de tu vida. Puede que tu sanidad no se produzca tan rápido como te gustaría, pero se *está* produciendo. ¡Amigo mío, no te rindas!

SANIDAD SOBRENATURAL PERO POCO ESPECTACULAR A TRAVÉS DE LA SANTA CENA

TU SANIDAD ESTÁ TENIENDO LUGAR. ¡NO TE RINDAS!

En la Santa Cena, hay veces en que alguien participa de la Cena del Señor y la sanidad le sigue de inmediato. Pero esto suele ser la excepción más que la regla. En la mayoría de los casos, lo que he visto es que la sanidad se produce gradualmente. Que sea gradual no significa que no esté ocurriendo.

Hace unos años, tuve una enfermedad en el coxis que me duró un tiempo. Sufría un dolor agudo cada vez que me levantaba después de estar sentado, aunque la silla fuera suave y acolchada. Cuando consulté al doctor, me dijo que era un desgaste «debido a la edad» y que no había nada que hacer. Cuando dijo eso, me di cuenta de que mi cuerpo estaba sucumbiendo a las fuerzas naturales del envejecimiento.

Pero me negué a aceptarlo porque estoy en este mundo pero no soy de este mundo (Jn 17.11, 14). Yo *no debería* estar sujeto a lo que sufre el mundo. Y tú tampoco. Como vimos en el capítulo 8, Cristo nos ha redimido de la maldición de la ley y eso incluye todas las enfermedades que sufre el mundo.

Decidí recurrir a la provisión del Señor y comencé a participar de la Santa Cena para mi dolor de coxis.

¿Sabes lo que pasó inmediatamente después de tomarla?

Me levanté de mi asiento.

Y un dolor intenso me atravesó el cuerpo.

Al día siguiente, volví a participar en la Cena del Señor. Cuando me levanté, el dolor me sacudió una vez más; y de nuevo tuve que detenerme un momento antes de poder caminar.

Esto duró un tiempo. Yo tomaba la Santa Cena, pero el dolor aún seguía.

Entonces, un día, de repente me di cuenta de que me había levantado sin pestañear. De hecho, cuando lo pensé, me di cuenta de que llevaba unos días sin ningún dolor. ¡Estaba sanado!

> **TODO LO QUE NECESITAS DE DIOS YA SE TE HA PROVISTO POR MEDIO DE LA CRUZ.**

No sé cuánto tiempo llevaba tomando la Santa Cena para mi dolor de coxis. Ni siquiera me di cuenta de cuándo me curé. El Señor me había sanado de una manera sobrenatural. Pero la sanidad se produjo tan gradualmente, mientras seguía participando de la Cena del Señor, que no me di cuenta de cuándo me curé. Creo que es así como la mayoría de las sanidades tienen lugar.

PARTICIPA DE LA SANTA CENA CON FRECUENCIA

Por eso nuestro Señor Jesús dijo: «Haced esto todas las veces que la bebiereis, en memoria de mí» (1 Co 11.25). Fíjate que dijo «todas las veces» y no «las pocas veces» ni «las escasas veces».

Eso nos dice que se refería a participar constantemente de la Santa Cena. ¿Pero a qué frecuencia se refiere «todas las veces»? El Señor nos deja decidirlo.

Solo sé esto: la iglesia primitiva participaba de la Santa Cena *cada día*, partiendo el pan en las casas (Hch 2.46). Debieron de tener una revelación de cuán beneficiosa era la Santa Cena para sus cuerpos y participaban de ella tan a menudo como podían. No digo que tengamos que tomar la Santa Cena todos los días. Pero, si te sientes llevado a ello, por favor, hazlo.

LA VICTORIA YA ES TUYA

Entonces, ¿qué hacer cuando sigues con síntomas o incluso cuando el enemigo te sigue recordando que cierta otra persona no se ha curado?

Continúa participando de la Santa Cena y agradeciendo al Señor por la sanidad que te ha dado. Todo lo que necesitas de Dios ya se te ha provisto por medio de la cruz. La Escritura nos dice que él *ya* te ha redimido de la maldición de la ley y de toda enfermedad y dolencia (Gá 3.13).

Cuando Jesús maldijo la higuera, no se la vio muerta al instante. Pero al día siguiente, los discípulos vieron que se había secado de raíz (Mr 11.12–14, 20–21). De la misma manera, es posible que después de haber tomado la Santa Cena sigas viendo los síntomas. Pero esa enfermedad ya se ha secado en su raíz en cuanto recibiste su obra consumada, así que a ti te corresponde descansar en lo que Cristo ha hecho.

> LO QUE TE CORRESPONDE ES DESCANSAR EN LO QUE CRISTO HA HECHO.

Cuando nuestro Señor Jesús instituyó la Santa Cena, tomó la copa y dio gracias (Mt 26.27). La palabra griega para dar gracias es *eucharisteo*, que significa «expresar gratitud».[1] Por eso la Santa Cena también se conoce como

Eucaristía. Das gracias por algo que ya está hecho, que ya has recibido. Así que, aunque sigas teniendo síntomas, puedes dar gracias y considerarte curado porque su Palabra declara que «por su llaga fuimos curados» (Is 53.5).

No intentes «conseguir» la sanidad para ti o para tu ser querido. ¡Ya es tuya! El enemigo ya ha sido vencido (Col 2.15). Jesús *ya* te ha dado salud y plenitud divinas. Recuerda esto siempre: como creyente, no luchas por la victoria; luchas *desde* la victoria.

NO CONSIDERES TU CUERPO

Amigo mío, seamos como Abraham, que estaba convencido de que Dios podía hacer lo que había prometido. Aunque Abraham era muy anciano, creyó en la promesa de Dios de que lo haría padre de muchas naciones y *no se debilitó en la fe al considerar su cuerpo* ni la esterilidad de su esposa Sara (Ro 4.19).

Y ya conoces la historia: Isaac nació cuando Abraham ya tenía cien años (Gn 21.5) y Sara tenía unos noventa. Desde una perspectiva natural, eso era imposible, ya que ambos habían pasado la edad de reproducción.

Pero Abraham no consideró su cuerpo; consideró la promesa de Dios. Romanos 4.20–21 nos dice que «Tampoco dudó, por incredulidad, de la promesa de Dios, sino que se fortaleció en fe, dando gloria a Dios, plenamente convencido de que era también poderoso para hacer todo lo que había prometido».

> COMO CREYENTE, NO LUCHAS POR LA VICTORIA; LUCHAS *DESDE* LA VICTORIA.

De la misma manera, aunque tengas una enfermedad, ¿me permites animarte a ser como Abraham? *No consideres* los síntomas de tu cuerpo ni el informe negativo del doctor. Más bien, fija tus ojos en nuestro Señor Jesús, y considera la promesa de la Palabra de Dios, que declara que por las heridas de Jesús serás sanado. Sigue participando de la Santa Cena con fe, agradeciéndole que su cuerpo fuera partido para que el tuyo esté entero. Y, mientras participas, como los hijos de Israel, prepárate y sigue esperando su liberación física.

QUÉ HACER CUANDO NO TIENES FE

¿Pero qué pasa si estás en un punto en que sientes que no puedes reunir más fe, y mucho menos no dudar de la promesa de Dios, como Abraham?

Si estás pensando: *Pastor Prince, quiero creer todo lo que ha compartido. De verdad que sí. Pero lo he intentado y no parece que suceda nada. Ya ha pasado mucho tiempo. Estoy cansado de intentarlo. No me queda fe para seguir adelante.*

Déjame mostrarte lo que dice la Biblia sobre Sara:

Por la fe también la misma Sara, siendo estéril, recibió fuerza para concebir; y dio a luz aun fuera del tiempo de la edad, *porque creyó que era fiel quien lo había prometido.* (Heb 11.11)

> **CREE EN LA PROMESA DE LA PALABRA DE DIOS DE QUE POR LAS HERIDAS DE JESÚS SERÁS SANADO.**

La fe estaba presente cuando Sara concibió y dio a luz a un hijo. Pero, si piensas que la fe es algo muy difícil y que simplemente no tienes, le pido a Dios que esto te anime.

¿Cómo recibió Sara su milagro después de tanto tiempo y cuando parecía físicamente imposible? Ella «creyó que era fiel quien lo había prometido».

Parece muy sencillo, pero ahí está su milagro. El camino de la fe no es difícil. Es fácil y no requiere esfuerzo. Cuando se agote tu fe, cree que Dios es fiel. Cuando ya no sepas cómo tener fe, cuenta con *su* fidelidad. Incluso cuando te parezca no tener fe, recuerda que *él* es fiel. Apóyate en *su* fidelidad.

No te rindas por creer que no tienes suficiente fe. Una vez que Dios te da una promesa, no te corresponde a ti reunir la fe. Tú tienes que descansar en el que lo prometió, sabiendo que es fiel.

Hay un versículo precioso que quiero que grabes en tu espíritu y que memorices si es posible. Es un versículo que te hará estar firme en la pelea de la fe cuando parezca que no llegan tus respuestas:

> Si fuéremos infieles, él permanece fiel; él no puede negarse a sí mismo.
> (2 Ti 2.13)

Aun cuando tú estés sin fe, él permanece fiel. En la cruz, mientras Jesús cargaba con todos nuestros pecados, Dios Padre tuvo que apartarse de su Hijo, y Jesús clamó: «Dios mío, Dios mío, ¿por qué me has desamparado?» (Mt 27.46). Él pagó el precio para que tú y yo tuviéramos la constante presencia de Dios, y por eso Dios nunca te dejará ni te desamparará (Heb 13.5). Nunca relajará su cuidado de ti. Cuando te sientas sin fe, debes saber que no tienes que tratar de aferrarte a él, es él el que se aferra a ti. La Biblia dice que el Señor tu Dios te sostiene de tu mano derecha, diciéndote: «No temas, yo te ayudo» (Is 41.13).

LA FE NO ES OTRA COSA QUE MIRAR A JESÚS.

Si te sientes débil hoy, no te preocupes ni temas. Puedes descansar en sus brazos de amor, sabiendo que él te cuidará.

No mires a tu propia fe y pienses: *no tengo suficiente fe para el cambio que necesito*. La fe no es otra cosa que mirar a Jesús. En los Evangelios solo hay dos personas a las que Jesús describió como de gran fe: el centurión que creyó que Jesús solo tenía que decir una palabra para que su siervo fuera sanado (Mt 8.5–13) y la mujer sirofenicia a la que Jesús le dijo: «Oh mujer, grande es tu fe» (Mt 15.21–28).

Y ninguno de ellos estaba consciente de su fe.

¿Quieres saber de qué estaban conscientes? De Jesús. Lo veían como el Fiel y Poderoso. Tenían en alta consideración su gracia y bondad. Y, como ellos lo vieron en su gracia, ¡él los vio en su fe!

Que no te preocupe si tienes suficiente fe o no. Solo mira a Jesús. Pasa tiempo en su presencia. Mira o escucha sermones llenos de Jesús. Cuando tocas a Jesús, tocas la fe, porque él es el autor y consumador de la fe (Heb 12.2). La Biblia declara que Dios es fiel, y no te dejará pasar por más de lo que puedas soportar (1 Co 10.13). Él te *llevará*.

Cuando llevas demasiado tiempo enfermo y te sientes completamente exhausto y sin fuerzas para tener fe, ¿me permites animarte a hacer esto? Tómate tiempo para ir a la presencia del Señor y decírselo:

> **LA BIBLIA DECLARA QUE ÉL ES FIEL, Y ÉL TE LLEVARÁ.**

Señor Jesús, gracias por tu fidelidad hacia mí. Tú eres fiel en tu bondad hacia mí. Eres fiel para cumplir tus promesas en mi vida. Eres fiel para ver lo que me está pasando, y para sanarme y devolverme toda la salud y el bienestar que he perdido por esta enfermedad. En este momento, tú me sostienes fielmente, así que no voy a tener miedo. Y, gracias a que tú me sostienes, puedo dejarlo y descansar en ti. Es tu fidelidad la que hará que se manifieste mi sanidad. Gracias, Señor Jesús. Amén.

Querido amigo, para él, hablarle así *es* tener fe. Es creer que él está en tu situación y te escucha. Y, mientras declaras sobre tus síntomas que Aquel que te ha prometido la sanidad es fiel, lo estás considerando fiel, y lo verás haciendo fielmente que se manifieste tu sanidad.

DESAPARECE EL QUISTE DE ÚTERO

Hace algunos años, a la esposa de uno de mis líderes principales le diagnosticaron un quiste en el útero. Fue a diferentes doctores para confirmar el diagnóstico, y todos llegaron a la conclusión de que tenía que someterse a una cirugía para extirpar el quiste. Le dijeron que incluso podrían tener que quitarle todo el útero. Lógicamente, esta pareja se vio muy afectada por la noticia. Me reuní con ellos para orar y tomar la Santa Cena.

Para ser sincero, yo no sentía ninguna fe cuando oré por ellos. De hecho, me sentía bastante impotente.

Pero escuché al Señor diciéndome que descansara. Le oí decirme que ni intentara usar la fe, que simplemente descansara en su fe. Así que simplemente dije: «Tumor, te maldigo hasta tus raíces en el nombre de Jesús. Serás arrancado de raíz y arrojado al mar». Al mismo tiempo, también oré para que el Señor hiciera que ella se rejuveneciera como el águila.

Unos días más tarde, tenía programada una última exploración antes de la cirugía. ¿Y sabes qué? ¡Los médicos no encontraron el quiste! Su ginecólogo dijo que todo el tumor simplemente había desaparecido y que era un milagro.

EL SOLO HECHO DE HABLAR CON DIOS ÉL LO CONSIDERA FE.

Pero el Señor no se limitó a quitarle el tumor. ¿Recuerdas que oré para que se rejuveneciera? Llevaba algún tiempo sin tener el período, pero, poco después de orar por ella, le regresó. El Señor había renovado su vientre y su juventud. ¡Aleluya!

Yo no sentí fe cuando oré por ella, así que, gracias a Dios, su sanidad no dependía de mi fe. Depende de la fe del Fiel, de nuestro Señor Jesús. Por eso la Santa Cena es tan poderosa. Fija tu mirada en Jesús y solo en él.

De la misma manera, aunque no sientas ninguna fe cuando estás tomando la Santa Cena, no te detengas. No te centres en tu fe o en tu falta de ella. A veces confundimos la fe con las emociones. Tú pon tu confianza en Aquel que nunca vacila. ¡No te rindas!

10.

LA LUCHA POR EL DESCANSO

No sé si te has dado cuenta, así que quiero dejarlo muy claro: estamos en guerra.

En el mundo de hoy, muchos de nosotros tenemos acceso a doctores, hospitales y diferentes remedios y tratamientos. Y, como podemos recurrir a Google para informarnos sobre nuestros síntomas y averiguar las posibles causas, opciones de tratamiento y contraindicaciones de los diferentes medicamentos, es fácil que olvidemos que existe un reino invisible. Es fácil olvidar que hay un enemigo real y que cuando estamos recibiendo un ataque en nuestro cuerpo, puede haber fuerzas espirituales involucradas.

Hay un enemigo que quiere destruirnos, que quiere oprimirnos con la enfermedad e impedirnos recoger la cosecha de salud y vida divinas que tenemos como herencia como creyentes. No digo que todas las enfermedades las causen espíritus, pero no olvidemos que los espíritus existen. El Evangelio de Lucas cuenta cómo nuestro Señor Jesús sanó a una mujer que había estado oprimida por un «espíritu de enfermedad» (Lc 13.10–17). Llevaba dieciocho años encorvada y sin poder enderezarse. Nuestro Señor Jesús mismo dijo que se debía a que *Satanás* la había atado.

Gracias a Dios por los doctores y enfermeras que han dedicado sus vidas a cuidar de los enfermos, a prevenir enfermedades y a aliviar los sufrimientos de sus pacientes. Son una gran bendición y creo plenamente que Dios puede obrar a través de ellos.

Pero hay un límite a lo que los médicos pueden hacer cuando hay fuerzas espirituales involucradas, y no podemos emplear medios *naturales* para luchar contra las fuerzas *sobrenaturales*.

El apóstol Pablo escribió:

> Porque no tenemos lucha contra sangre y carne, sino contra principados, contra potestades, contra los gobernadores de las tinieblas de este siglo, contra huestes espirituales de maldad en las regiones celestes. (Ef 6.12)

Nuestra lucha no es contra carne ni sangre. Nuestra guerra es espiritual.

GUERRA ESPIRITUAL

A la mayoría, la guerra espiritual le trae a la mente participar en feroces batallas contra el diablo. Pero, hace algunos años, cuando escribí un libro titulado *Guerra espiritual*, ¿sabes qué imagen elegí para la portada del libro?

Una foto de un hombre en una tumbona en la playa, con los brazos cruzados relajadamente detrás de la cabeza.

Es importante señalar que todo el pasaje de Efesios 6 sobre la guerra espiritual nos dice una y otra vez que estemos «firmes» y menciona la lucha solo una vez, cuando nos dice que no «tenemos lucha contra carne y sangre» (Ef 6.11–14).

Nuestra lucha es la lucha por mantenernos en reposo y creer que la obra ya ha sido terminada. El único trabajo es el de entrar en el descanso que nuestro Señor Jesús compró para nosotros en la cruz. Lo que nos corresponde es *estar quietos* y ver la salvación del Señor. Estemos firmes en la victoria que Cristo ya nos ha dado, en lugar de intentar derrotar a un enemigo que *ya* ha sido derrotado en la cruz.

CÓMO ES LA GUERRA ESPIRITUAL

No voy a profundizar aquí en la enseñanza sobre la guerra espiritual, pero, para mostrarte lo que significa participar en dicha guerra, permíteme compartir contigo la preciosa travesía que vivió Anna.

Anna era parte del equipo del ministerio de Singapur que viajó a Estados Unidos para mi gira *La revolución de la gracia*. Mientras estaba en Dallas, Texas, pasó por una terrible prueba. Esto es lo que contó:

> Empecé a experimentar un entumecimiento en las piernas, que se extendió rápidamente al diafragma. No podía moverme. Me llevaron rápidamente a emergencias, donde me operaron de urgencia durante cinco horas por una compresión de la médula espinal causada por múltiples lesiones y tumores que tenía por toda la médula espinal. Más tarde me dijeron que tenía un cáncer en fase cuatro, con metástasis desde el área torácica hasta el cuello y los huesos, y que me quedaban de dos a tres años de vida.

NUESTRA LUCHA ES LA LUCHA POR MANTENERNOS EN REPOSO.

¿Te imaginas lo aterrador que tuvo que ser para Anna? Le contó a uno de mis pastores que, hasta que la llevaron a emergencias, no tenía idea de que el cáncer se estuviera propagando a traición y en silencio por toda su médula espinal. Sin previo aviso, se encontró postrada en cama en el posoperatorio y afrontando una lucha contra el cáncer de fase cuatro. Estuvo más de un mes hospitalizada. Durante este tiempo y mucho después de ser dada de alta, Anna se fortaleció cada día con la Palabra de Dios, guardando su corazón contra todo temor y negándose a permitir que el enemigo sacudiera su fe en la obra consumada de Cristo. Así describió su batalla:

> Lo único que yo, una oveja asustada, podía hacer era quedarme muy cerca del Gran Pastor. En los treinta y tres días de hospitalización (en Dallas y luego en Singapur), Jesús se convirtió en mi inexpugnable «casa segura», que me protegía de nuevos ataques del diablo.
>
> Pedí que se redujeran al mínimo las visitas durante mi hospitalización, pues prefería pasar tiempo con Aquel cuya presencia y palabras eran ahora mi vida y mi sanidad. Por supuesto, no podía mantener alejados a los médicos y enfermeras y, a veces, el oír cómo hablaban de mi cáncer me hacía perder la vida y la paz que había en mí; sentía que había tocado la muerte.
>
> Pero yo me quedaba en mi «casa segura», Jesús. Como creo que la Palabra de Dios es vida y salud para toda mi carne, me alimentaba de la Palabra de Dios durante mis horas de vigilia, a menudo me quedaba dormida, escuchando los sermones del pastor Prince en mi iPad.
>
> Cada vez que tenía que tomar mi medicación contra el cáncer, tomaba la Santa Cena también. Hacía lo mismo después de cada sesión de radioterapia. Creo que por esa razón no experimenté ninguno de los efectos secundarios en mis quince ciclos de tratamiento de radioterapia. Salvo por la pérdida de cabello, que duró solo unos meses, mi cuerpo (especialmente mis células sanguíneas, hígado y riñones, que eran lo que preocupaba a mi oncólogo) no ha mostrado ningún otro efecto secundario de la medicación contra el cáncer, y así hasta hoy, ya que sigo cada día anclada en la Palabra y participando de la Santa Cena.

El cáncer era real, y también los tumores de su cuerpo. Pero Anna sabía que la verdadera batalla era espiritual. Por supuesto, tenía miedo. ¿Cómo no iba a tenerlo? Pero era una hija de Dios, y no iba a permitir que el enemigo la intimidara. Tampoco iba a quedarse acostada sin más esperando sus ataques. Iba a luchar, armada con la espada del Espíritu (Ef 6.17) y conocedora de que su Dios la guardaba en todo el camino.

SÉ MÁS CONSCIENTE DE TU DIOS QUE DE TU ENEMIGO

¿Anna no te recuerda a David, el joven pastor que derrotó al paladín del ejército filisteo? David no huyó cuando apareció Goliat. Estaba *furioso* y exigió saber «¿quién es este filisteo incircunciso, para que provoque a los escuadrones del Dios viviente?» (1 S 17.26). Los otros soldados estaban acobardados ante el tamaño de su enemigo. David solo estaba consciente de lo grande que era su Dios. Mira lo que dijo cuando se encontró cara a cara con el gigante:

> «Tú vienes a mí con espada y lanza y jabalina; mas *yo vengo a ti en el nombre de Jehová de los ejércitos, el Dios de los escuadrones de Israel*, a quien tú has provocado». (1 S 17.45)

NO TE TOMES LOS ATAQUES DEL ENEMIGO A LA LIGERA. CONTRAATACA, ARMADO CON LA ESPADA DEL ESPÍRITU.

Querido amigo, si el enemigo trata de atacarte con síntomas, te ruego que tengas el espíritu de David. No tengas miedo. Mantente firme y consciente de que el enemigo ya ha sido derrotado. Sus armas pueden parecer temibles para el mundo, pero no son rival para tu Dios. Esta batalla no tienes que pelearla tú. El enemigo puede venir contra ti con una espada, una lanza y una jabalina, pero cuando te acercas a él en el nombre del Señor de los ejércitos, ¡ese Goliat no es rival para tu Dios!

FORTALÉCETE CON LA PALABRA DE DIOS

Volviendo a la experiencia de Anna, sus doctores le dijeron que los mismos tratamientos que debían combatir a las células cancerígenas también podrían destruir otras partes vitales de su cuerpo. Hechos como estos hacían que «se le escurrieran» su vida y su paz. Pero, en lugar de aceptarlos, se vistió toda la armadura de Dios y se puso firme en su obra consumada, aun cuando su situación parecía muy mala.

> **EL ENEMIGO PUEDE ATACARTE, PERO ESE GOLIAT NO ES RIVAL PARA TU DIOS.**

De hecho, creo que no se limitó a una armadura espiritual: se mantuvo en el lugar secreto del Altísimo, permitiéndole ser su refugio y fortaleza, tomándolo como su libertador (Sal 91.1–3), y convirtiéndolo en su «castillo» inexpugnable y su arca. Él era su torre fuerte, su escudo y su Gran Pastor que la protegía y la llevaba pegada a su corazón.

Anna no quería oír los gemidos de los otros pacientes y el pitido constante del instrumental médico de su pabellón, no quería seguir mirando la muerte y la enfermedad que la rodeaban. Así que se sumergió en la Palabra, escuchando sermones, meditando en las Escrituras todo el día, y tomando la Santa Cena a diario.

Se ciñó a la verdad de la Palabra de Dios en lugar de aceptar los datos médicos. Por ejemplo, le contó a mi equipo que los *datos* de sus escáneres mostraban que tenía el cuello y la columna afectados por el cáncer. Pero ella se mantuvo firme en la *verdad* eterna de la Palabra viva, que declara:

> La persona íntegra enfrenta muchas dificultades, pero el Señor llega al rescate en cada ocasión. Pues *el Señor protege los huesos de los justos*; ¡ni uno solo es quebrado! (Sal 34.19–20, ntv)

«Acontecerá en aquel tiempo que *su carga será quitada de tu hombro, y su yugo de tu cerviz*, y el yugo se pudrirá a causa de la unción». (Is 10.27)

VÍSTETE TODA LA ARMADURA DE DIOS Y MANTENTE FIRME EN SU OBRA CONSUMADA.

Se mantuvo firme también sobre muchos otros pasajes, y quiero compartirlos aquí. Le pido a Dios que te fortalezcan y te ayuden a pelear tus batallas:

«Él envió su palabra, y los sanó, y los libró de su ruina». (Sal 107.20)

«Pero si Cristo está en vosotros, el cuerpo en verdad está muerto a causa del pecado, mas *el espíritu vive* a causa de la justicia. Y si el Espíritu de aquel que levantó de los muertos a Jesús mora en vosotros, *el que levantó de los muertos a Cristo Jesús vivificará también vuestros cuerpos mortales* por su Espíritu que mora en vosotros». (Ro 8.10–11)

«Cuando me llamen, yo les responderé; estaré con ellos en medio de las dificultades. Los rescataré y los honraré. Los recompensaré con una larga vida y les daré mi salvación». (Sal 91.15–16, NTV)

Mientras Anna se alimentaba de un pasaje tras otro, creo que la Palabra de Dios se convirtió literalmente en una medicina para ella, y se fortaleció cada vez más. Después de todo, el libro de Proverbios nos dice que sus palabras «son vida a los que las hallan, y medicina a todo su cuerpo» (Pr 4.22).

HAY PODER EN LA PALABRA DE DIOS

Sea cual sea la dolencia a la que te enfrentes, quiero animarte a hacer lo mismo que Anna. Satúrate de la Palabra de todas las maneras que puedas. Escribe versículos, escucha tu Biblia en audio, escucha sermones sobre su obra consumada, y lee libros (como este) que engrandezcan todo lo que Jesús ha hecho por ti.

Cuando pasas tiempo en la Palabra de Dios, no puedes evitar cosechar sus efectos sanadores. La palabra hebrea para *salud* es *marpe*, que también significa «una medicina» o «una cura».[1] Observa que Proverbios 4.22 dice «medicina a *todo* su cuerpo». A diferencia de muchos remedios, la Palabra de Dios no beneficia a una parte del cuerpo y daña a otras. Es salud para tu nariz, tus rodillas, tu oído interno, tus intestinos, tu piel... para *todo* tu cuerpo.

La Biblia también declara que la Palabra de Dios es «viva y eficaz, y más cortante que toda espada de dos filos; y penetra hasta partir el alma y el espíritu, las coyunturas y los tuétanos» (Heb 4.12). Es lo opuesto a la muerte, y es *eficaz*.

No es de extrañar que nuestro Señor Jesús, al explicar la parábola del sembrador, nos diga que, cuando el sembrador siembra la Palabra, «en seguida viene Satanás y quita la palabra que se sembró en sus corazones» (Mr 4.15).

¿Notaste que el enemigo viene *en seguida*? Jesús se refería a las semillas que cayeron «junto al camino», pero el principio que quiero que veas es que el enemigo quiere quitar la Palabra de nuestros corazones porque no quiere que «crean y se salven» (Lc 8.5, 12). El diablo sabe que, si recibes la Palabra y la crees, *serás salvo*. Por eso hará todo lo posible para que la Palabra de Dios no eche raíces en tu corazón. ¡Sabe que, si permanece el tiempo suficiente, será tu victoria y su derrota!

LA PALABRA DE DIOS ES SALUD PARA TODA TU CARNE.

La palabra utilizada para *se salven* en el griego original es *sozo*, que significa «salvar a alguien de una lesión o peligro; salvar de perecer a uno que sufre, por ejemplo, a alguien que sufre de una enfermedad; hacer bien, curar, restaurar la salud».[2]

El enemigo sabe lo poderosa que es la Palabra de Dios.

¿Y tú?

No importa por qué medio pases tiempo en su Palabra, asegúrate de que estás bien irrigado con ella. En la medida en que permanezcas empapado e irrigado en la Palabra de Dios, creo que, sin darte cuenta ni esforzarte, te harás cada vez más fuerte y más sano.

LENTO PERO SEGURO

> **EN LA MEDIDA EN QUE TE MANTENGAS IRRIGADO CON LA PALABRA DE DIOS, TE HARÁS MÁS FUERTE Y SALUDABLE.**

A Anna no le llegó su sanidad de la noche a la mañana. Estuvo postrada en cama nueve meses enteros y tuvo que aprender poco a poco a caminar de nuevo. Después de pasar por el tratamiento de radioterapia, también tuvo que someterse a quimioterapia hormonal. Pero ella se aferraba a las promesas del Señor, y seguía participando de la Santa Cena, recordando todo lo que él había hecho por ella.

Los amigos que la acompañaron en esta experiencia contaban cómo vieron que su sanidad se produjo de forma lenta pero segura.

La primera vez que la visitaron en el hospital, no podía ni sentarse. La vez siguiente, pudo levantarse apoyándose en las barandillas.

Cuando la visitaron por primera vez en su casa después de recibir el alta, no podía caminar hacia la puerta. Un familiar tenía que abrirles la puerta. Algún tiempo después, cuando la volvieron a visitar, pudo llegar a la puerta principal con la ayuda de un andador. Pronto pasó del andador a una muleta.

Hoy, Anna camina libremente sin ayuda. Tardó dos años, pero ya ha regresado al trabajo en mi oficina del ministerio. Y aprovecha cada oportunidad que se presenta para orar por sus colegas que no se sienten bien. De hecho, el Señor la ha fortalecido y ha alargado sus días.

En cuanto al cáncer, su marcador tumoral seguía estando por encima de 150 después de terminar la radioterapia. Pero desde entonces ha caído muy por debajo de la medida recomendable de <35.0. El Señor utilizó la tecnología médica en su proceso de sanidad, pero, como ella continúa «participando a diario de la Palabra y de la Santa Cena», él la ha mantenido a salvo de los efectos secundarios que muchos otros han experimentado por la radiación y la medicación.

¡Aleluya! ¡A Jesús sea toda la gloria!

Es vital que los creyentes entiendan que tener fe en el poder sanador del Señor no significa que no busquen consejo médico o que dejen de recibir tratamiento. La fe y la medicina no tienen que excluirse mutuamente. De hecho, creo que Dios usa a los médicos, y he enseñado a mi iglesia a orar para que el Señor unja las manos de sus cirujanos si tienen que someterse a una cirugía y que el Señor dé a sus doctores sabiduría para dar diagnósticos precisos y decidir los mejores tratamientos.

Tener fe no es botar la medicación, detener los tratamientos prescritos ni evitar los procedimientos quirúrgicos. Alabado sea el Señor por todos los avances de la ciencia médica. Han contribuido mucho a mejorar la calidad de nuestras vidas y a que la gente viva más tiempo. Los doctores y los profesionales de la medicina están combatiendo en las mismas batallas contra la enfermedad que nosotros, y no siento sino respeto y honor por ellos.

> **LA FE Y LA MEDICINA NO TIENEN QUE EXCLUIRSE MUTUAMENTE.**

En el caso de Anna, sus médicos cumplieron con su responsabilidad al informarle de los posibles efectos secundarios del tratamiento al que iban a someterla. Pero, mientras Anna seguía adelante con los tratamientos, su confianza para su total sanidad y restauración estaba enteramente en su Salvador y Pastor de su alma, nuestro Señor Jesucristo. Puso su confianza totalmente en el Señor y en la Santa Cena, con fe en que no sufriría los efectos secundarios. Y, alabado sea el Señor, los efectos secundarios que sufrió fueron mínimos. Si tienes luchas con este conflicto entre la fe y la medicina, le pido a Dios que el testimonio de Anna sea una gran fuente de aliento para ti y te ayude a experimentar la paz sobrenatural de Dios.

LA FE OBRA JUNTO CON LA PACIENCIA

También quiero que veas que la sanidad de Anna se produjo a lo largo de un período de tiempo. A veces, cuando nuestra sanidad tarda más de lo que esperamos en manifestarse, el enemigo puede empezar a jugar con nuestra mente.

Tal vez llevas algún tiempo participando de la Santa Cena y aún no has visto los resultados deseados, así que estás empezando a pensar que tal vez la Santa Cena solo sea una práctica supersticiosa, un ritual vacío que no te beneficia en nada.

Permíteme decirte que hay una guerra espiritual para que renuncies al canal que Dios ha dispuesto para traer vida y salud sobrenatural a tu cuerpo.

Como mencioné en el capítulo anterior, los milagros de sanidad instantánea *pueden* suceder. Pero nuestro Señor Jesús también nos dice qué esperar cuando confiamos en él para un cambio que no se manifiesta al instante. Fíjate en lo que dice sobre cómo las semillas de la Palabra de Dios dan fruto cuando caen en buena tierra:

> Y éstos son los que fueron sembrados en buena tierra: los que oyen la palabra y la reciben, y dan fruto *a treinta, a sesenta, y a ciento por uno*. (Mr 4.20)

El Evangelio de Lucas dice:

> Y las semillas que cayeron en la buena tierra representan a las personas sinceras, de buen corazón, que oyen la palabra de Dios, *se aferran a ella y con paciencia producen una cosecha enorme*. (Lc 8.15, NTV)

¿Notaste que las semillas que caen en buena tierra dan fruto «con paciencia»? «Paciencia» se refiere a perseverancia y persistencia.

¿Sabes por qué hay que tener paciencia?

Porque *las semillas necesitan tiempo para dar fruto*. No sucede de la noche a la mañana. Así como el granjero aguarda con paciencia el precioso fruto de la tierra, también tú necesitas ser paciente (Stg 5.7). Tu cosecha se multiplicará gradualmente: primero a treinta, luego a sesenta y luego a ciento por uno.

> TU COSECHA SE MULTIPLICARÁ GRADUALMENTE: PRIMERO A TREINTA, LUEGO A SESENTA Y LUEGO A CIENTO POR UNO.

Cuando empiezas a participar de la Santa Cena, quizás ves algunas mejoras, pero el dolor sigue ahí. Eso es fruto a treinta por uno.

¡No te rindas!

Sigue tomando la Santa Cena por fe hasta que tengas fruto a sesenta por uno. Es entonces cuando sabes que ha habido una gran mejoría, incluso puedes sentirla, pero tal vez siguen ahí algunos síntomas persistentes.

Es el momento de seguir perseverando, confiando y poniendo tus ojos en su obra consumada hasta que veas tu cosecha a ciento por uno de bendiciones, y experimentes tu completa sanidad.

TU COSECHA A CIENTO POR UNO ESTÁ AL LLEGAR

Cuando te enfrentas a un dolor físico o estás tan cansado de escuchar un diagnóstico negativo tras otro, sé que lo último que quieres es seguir sufriendo los síntomas. Pero, aunque no veas tu sanidad de forma inmediata, por favor, no permitas que el enemigo te venda la mentira de que debes rendirte porque no vas a recibir tu sanidad.

Sigue regando la semilla de la Palabra de Dios y espera con paciencia hasta que eche raíces. A su debido tiempo, recogerás tu cosecha (Gá 6.9).

La Biblia nos dice cómo Abraham alcanzó la promesa después de haber «esperado con paciencia» (Heb 6.15). A pesar de que Dios había jurado bendecirlo y convertirlo en una gran nación (Gn 12.2), había una lucha de fe. La bendición no se manifestó al día siguiente. Ni siquiera en el año siguiente. De hecho, pasaron unos veinticinco años antes de que Abraham y Sara tuvieran a Isaac (Gn 21.5). No estoy diciendo que tengas que esperar veinticinco años. El principio que quiero que veas aquí es que puede tardar, pero tú *heredarás* tu promesa.

Su sanidad puede no ser inmediata, pero creo que está en camino. Si llevas tiempo esperando tu sanidad y estás desanimado, deja que la promesa de Dios te fortalezca:

> Porque como desciende de los cielos la lluvia y la nieve,
>
> y no vuelve allá,
>
> sino que riega la tierra,
>
> y la hace germinar y producir,
>
> y da semilla al que siembra,
>
> y pan al que come,
>
> así será mi palabra que sale de mi boca;
>
> no volverá a mí vacía,
>
> sino que hará lo que yo quiero,
>
> y será prosperada en aquello para que la envié.
>
> (Is 55.10–11)

SIGUE REGANDO LA SEMILLA DE LA PALABRA DE DIOS. A SU DEBIDO TIEMPO, RECOGERÁS TU COSECHA.

La Palabra de Dios no volverá a él vacía. Tal vez hayas tomado la Santa Cena y orado, pero parece que no pasa nada. Tal vez incluso has llegado al punto de sentir que estás actuando mecánicamente, porque el desánimo se ha instalado en ti. ¿Qué es lo que haces?

¡Sigue regando la semilla de la Palabra de Dios con la lluvia de su Palabra!

Cuando se siembra una semilla, no se ve nada en el momento, pero se sabe que *comenzará* a brotar y a crecer. No tienes que quedarte cavando en la tierra para comprobar si la semilla está creciendo. De la misma manera, cuando se siembra la semilla de la Palabra de Dios, tu parte es tener fe en el poder de su Palabra y ser paciente porque crees que sus palabras no volverán a él vacías. Y, así como la tierra produce las cosechas de manera progresiva, «primero hierba, luego espiga, después grano lleno en la espiga» (Mr 4.28), ¡yo declaro que recogerás la cosecha completa de tu sanidad!

EL TERRENO ESTÁ LISTO PARA TU SANIDAD

Voy a compartir contigo una revelación que el Señor me dio hace algunos años. Nunca he oído a nadie más enseñar esto, y sé que te va a bendecir.

Aunque nuestro Señor Jesús utiliza la analogía del sembrador y la semilla para enseñarnos sobre la Palabra de Dios, también encontramos imágenes agrícolas que nos ayudan a entender el violento sufrimiento que sufrió para nuestra sanidad. Lee este versículo conmigo:

> **TEN FE EN EL PODER DE SU PALABRA Y SÉ PACIENTE. SUS PALABRAS NO VOLVERÁN A ÉL VACÍAS.**

«Sobre mis espaldas araron los aradores; hicieron largos surcos» (Sal 129.3)

El salmo 129 es un salmo mesiánico, y esta es una imagen de los azotes que sufrió nuestro Señor Jesús. Un día estaba leyendo este versículo y sentí que el Señor me decía: «Léelo con calma. Medita sobre por qué usé palabras relacionadas con la agricultura».

¿Por qué no dijo el Señor: «Me golpearon la espalda», o incluso: «Me dieron latigazos en la espalda»? ¿Por qué no usó palabras como *golpear* o *azotar*?

En su lugar, dijo: «Sobre mis espaldas araron los aradores; hicieron largos surcos».

Los surcos que el arado hace en la tierra permiten la siembra de las semillas y el riego. En Salmos 129, los surcos hablan de los azotes que Jesús recibió por nuestra sanidad.

Los aradores arrastran un arado afilado que excava la tierra para romperla y hacer surcos profundos, como preparación para las semillas que van a plantar. Arriba tienes una imagen de cómo son los surcos.

Creo que eso fue lo que sufrió la espalda de nuestro Señor Jesús. Cuando los soldados romanos lo azotaron, fue como si hubieran arado sobre toda su espalda.

Las víctimas de la flagelación romana eran azotadas con un flagelo o látigo de nueve colas, compuesto por varias correas largas de cuero con fragmentos de hueso, metal y ganchos incrustados. Con cada azote, las correas envolvían el cuerpo de la víctima y hundían los fragmentos en su carne. Cuando tiraban del látigo, arrancaban la piel de la víctima y desgarraban su carne, dejándola hecha jirones.[3]

Cada uno de estos latigazos rasgó la carne de nuestro Señor, dejando surcos largos y profundos en su espalda. Para cuando sus torturadores terminaron, creo que no quedaba ni un jirón de piel en su espalda. El salmo 22, un salmo mesiánico, nos dice que se podían contar sus huesos y que la gente lo miraba fijamente (Sal 22.17, NTV).

Esto es lo que el Señor me mostró: no era ninguna casualidad que se usara el lenguaje de la siembra para describir la horrible flagelación que sufrió nuestro Señor Jesús.

Los surcos se hacen para poder sembrar las semillas.

Cuando te sientas sin fe para creer en la sanidad, la Palabra de Dios dice que solo necesitas una fe tan pequeña como un grano de mostaza (Lc 17.6).

Así que no se trata de cuán fuerte es tu fe, sino de sembrar tus pequeñas semillas de fe en la buena tierra de nuestro Señor. Cuanto más veas lo que él ha hecho por ti, y cómo dejó que araran su espalda por ti, más crecerá tu fe y más experimentarás una cosecha de sanidad.

Cuando araron con surcos su espalda, estaba permitiendo que se sembrara la semilla para sanar tu hipertensión. Estaba permitiendo que se sembrara la semilla para la sanidad de ese tumor. Estaba permitiendo que se sembrara la semilla para curar el asma y el eccema de tu hijo. Sea cual sea la enfermedad que tu ser querido o tú puedan estar padeciendo, el sufrimiento y sacrificio de Jesús, el arado y los largos surcos sobre su espalda, hablan de que el precio de tu sanidad ha sido pagado en su totalidad. Ahora extiende la mano por fe y recibe tu sanidad.

Él te ama muchísimo.

Sí, muchísimo.

Siempre que participes de la Santa Cena, acuérdate de él. Nuestro Señor Jesús sufrió todas las enfermedades en tu lugar para que no tuvieras que pasar por el dolor. Él cargó tus enfermedades y dolencias en su cuerpo. Llevó tus dolores físicos y tus sufrimientos mentales. Fue herido por tus pecados y transgresiones. Fue molido por tus iniquidades. El castigo necesario para tu salud y bienestar recayó sobre él.

EL PRECIO DE TU SANIDAD HA SIDO PAGADO EN SU TOTALIDAD.

Y por sus laceraciones *estás curado* (Is 53.4–5).

Quizás aún confías en Dios para que te quite los síntomas, pero ya sé el resultado de esto. No se acaba hasta que su victoria se manifieste gloriosamente. Quiero que seas consciente de que el Señor mismo te edifica y te fortalece con su Palabra, contrarresta todo ataque con su verdad y guarda tu corazón de toda mentira del enemigo. Y, mientras esperas tu cosecha a ciento por uno, ¡experimenta su amor por ti como nunca antes!

II.

EL DIOS DE TUS VALLES

Ruego a Dios que tus ojos se hayan abierto a las maravillosas verdades sobre la Santa Cena y que estés emocionado por las revelaciones que has recibido. Si te enfrentas a un problema de salud, oro para que el Señor haya usado este libro para impartirte esperanza, vida y fuerza. Tal vez incluso hayas tomado los elementos de la Santa Cena y hayas comenzado a participar de ellos. Si es así, ¡alabado sea el Señor! Sigue perseverando hasta que recibas tu cambio de situación.

Pero tal vez pienses: *He leído muchos testimonios, y parece que todos los demás han recibido su cambio y han llegado a su cumbre. ¿Pero dónde está Dios en mi situación? ¿Es que yo voy a quedarme en este valle para siempre?*

Querido amigo, quiero que sepas que él no te deja ni te desampara (Heb 13.5). Él está cercano a los que tienen el corazón roto (Sal 34.18), y ahora mismo está cerca de ti y de tu situación mientras clamas a él. Él es el Dios de las cumbres y el Dios de los valles (1 R 20.28). Él está contigo incluso en el valle, así que ten confianza en que *lo superarás* (Sal 23.4).

> ÉL ESTÁ CONTIGO INCLUSO EN TU VALLE, ASÍ QUE TEN CONFIANZA EN QUE LO SUPERARÁS.

Creo que conocer las verdades sobre la Santa Cena puede marcar la diferencia entre la vida y la muerte para ti y para tus seres queridos. No digo esto a la ligera. De hecho, yo mismo experimenté el poder sanador de la Santa Cena mientras escribía este libro.

RECUPERACIÓN ACELERADA POR MEDIO DE LA SANTA CENA

Mi hijo Justin acababa de entrar en primer grado en una nueva escuela y solo llevaba un mes allí. Un día, durante el recreo, se cayó en el patio de la escuela y se lastimó la cabeza. Sus profesores nos llamaron para decirnos que Justin estaba en el despacho del director llorando porque se había caído en el patio. Mi esposa, Wendy, se dirigió a la escuela porque estaba cerca. No es raro que los niños se caigan jugando, así que Wendy no estaba muy preocupada.

Creemos que fue el Señor quien impulsó a Wendy a pedirle a Justin que le mostrara exactamente de dónde se había caído. Cuando Justin le mostró a Wendy la altura desde la que había caído, se le heló el corazón y supo que tenía que llevarlo al hospital para un chequeo completo.

Allí, los doctores le hicieron una tomografía computarizada y descubrieron que se había fracturado el cráneo.

Después de que empezara a vomitar, decidieron realizar una exploración más detallada. Esta vez, encontraron otra fractura craneal que no habían detectado antes. También descubrieron una hemorragia en el lugar de la fractura, así como sangre en el oído medio.

Para mí era desgarrador ver a mi pequeño de seis añitos llorando y agarrándose la cabeza, retorciéndose y dando vueltas en un vano intento de detener el intenso dolor. De repente, mi normalmente animado Justin estaba débil y aletargado, y no ayudaban los vómitos y la falta de apetito. Tampoco me resultó fácil mirar los escáneres y escuchar al doctor hablar del posible efecto de la lesión en su cerebro. Se metió el miedo en mi corazón, y fue una verdadera lucha mantenerme tranquilo.

Aparte de darle analgésicos y controlarlo, los doctores no pudieron hacer mucho por Justin. Pero Wendy y yo sabíamos que Dios sí podía, y decidimos participar de la Santa Cena con Justin. Durante todo su período de hospitalización, tomábamos la Santa Cena con él al menos tres o cuatro veces al día. Lo maravilloso fue que literalmente pudimos verlo mejorar progresivamente cada vez que la tomábamos. Cada vez que participábamos de la Santa Cena con Justin, sus dolores de cabeza disminuían, hasta el punto de que nos dijo que prefería tomar la Santa Cena antes que los analgésicos que le habían recetado.

Sabemos que fue el Señor quien aceleró la sanidad de Justin y le ayudó a recuperarse en un tiempo récord. Los doctores esperaban que Justin tardara al menos seis semanas en mejorar, pero mejoró tan rápido que en menos de tres semanas le permitieron regresar a la escuela.

¡A Jesús toda la gloria!

EL SEÑOR VA DELANTE DE TI Y ESTÁ CONTIGO EN TU PRUEBA

Durante esta experiencia de Justin, experimenté en persona algo que quiero que sepas si estás pasando por una prueba: Dios no está lejos. Está *contigo*. Él te ama y es tu ayuda, a tu lado.

Durante el tiempo que Justin estuvo en el hospital, Wendy y yo estuvimos muy conscientes de la mano protectora del Señor sobre nuestro hijo. Sus heridas pudieron haber sido mucho peores. Las fracturas no tocaron los principales vasos sanguíneos de la cabeza, lo que habría provocado una hemorragia y podría haber dañado su cerebro. También tenía un fragmento de hueso que de alguna manera se le apartó del cerebro en lugar de clavarse en él.

Como padres, no podemos mantenerlo en una burbuja y protegerlo las

> **DIOS NO ESTÁ LEJOS. ESTÁ CONTIGO. ÉL TE AMA Y ES TU AYUDA, A TU LADO.**

veinticuatro horas del día, pero vimos cómo el Señor mismo protegió a Justin y lo salvó de sufrir heridas que podrían haber sido mucho peores.

Del mismo modo, quiero que sepas que el Señor vela por ti y por tus seres queridos. Porque él no duerme ni se adormece (Sal 121.4–5, NVI), puedes descansar con la seguridad de que, incluso mientras duermes, él trabaja en turno de noche. Él te librará y evitará tu caída (Sal 56.13). ¡Todos los planes del enemigo quedarán confundidos y, aunque se haya forjado un arma contra ti, no prosperará!

> **EL SEÑOR VELA POR TI. INCLUSO MIENTRAS TÚ DUERMES, ÉL TRABAJA EN TURNO DE NOCHE.**

En el capítulo anterior leíste la historia de Anna. Pero en realidad hay más. Aunque Anna había pasado por una experiencia angustiosa, estaba claro que el Señor estuvo con ella en todo momento. Ella escribió:

Al mirar atrás, veo que, si no hubiera hecho este viaje de trabajo, no habría estado en Dallas. Si no hubiera estado en Dallas, no me habría operado un cirujano cristiano que me dijo que quien sana no es él, sino Jesús. Si no me hubieran operado en ese momento, mi entumecimiento pronto habría avanzado demasiado y el resultado podría haber sido muy diferente. Podría haberme quedado inválida de cuello para abajo, o el cáncer podría haberme matado. ¡Me estremezco solo de pensarlo!

Y, si no hubiera pagado los diecisiete dólares suplementarios del seguro de viaje, la compañía de seguros no habría cubierto la enorme factura del hospital, ¡que ascendía a más de 200.000 dólares! Todo esto solo puede ser de parte del Señor, y es cosa maravillosa a mis ojos (Sal 118.23). ¡A Dios sea toda la gloria y la alabanza! ¡Alabado sea Jesús!

¿No es asombroso ver cómo el Señor había orquestado divinamente que Anna estuviera en Dallas, donde «casualmente» la llevaron a un determinado hospital, donde, según su enfermera, le tocó «casualmente» uno de los diez mejores cirujanos de columna de Estados Unidos, uno solicitado hasta por los deportistas profesionales?

Ella le contó a mi equipo que, aunque hubiera descubierto su cáncer antes, no habría podido permitirse los gastos médicos de esa cirugía, ni siquiera en Singapur, y mucho menos a manos de un cirujano de primera en Estados Unidos. El Señor se lo preparó todo e hizo que *todas* las cosas le ayudaran a bien (Ro 8.28).

Amigo mío, pase lo que pase, confía en el Señor. Quizás te sientas impotente ante esa enfermedad o esa factura médica desorbitada, pero no pierdas la esperanza. Igual que estuvo obrando entre bastidores para poner a Anna en el lugar correcto en el momento adecuado y para asegurarse de que el costo de su cirugía y hospitalización estuviera cubierto, confía en que Dios está también obrando entre bastidores para ti.

> CONFÍA EN QUE ÉL ESTÁ OBRANDO ENTRE BASTIDORES PARA TI.

Confía en que su gracia te basta, pues su *poder* se perfecciona en tu debilidad (2 Co 12.9). La palabra griega utilizada para *poder* es *dunamis*, que alude al poder milagroso de Dios.[1] No tienes que tratar de ser fuerte en ti mismo. Su poder para hacer milagros se perfecciona en tus momentos de debilidad. Saldrás de esta prueba. No solo eso, creo, junto a ti, que saldrás aún más fuerte que antes.

JESÚS VIENE A TI EN TU VALLE

No sé en qué valle estás ahora mismo, pero quiero compartir una imagen muy poderosa de la Biblia que espero que te anime.

Cada vez que se menciona algo en la Biblia por primera vez, siempre es significativo. ¿Sabes dónde se menciona la Santa Cena —el pan y el vino— por primera vez? Déjame enseñártelo:

Entonces Melquisedec, rey de Salem y sacerdote del Dios Altísimo, sacó pan y vino; y le bendijo, diciendo: Bendito sea Abram del Dios Altísimo, creador de los cielos y de la tierra; y bendito sea el Dios Altísimo, que entregó tus enemigos en tu mano. (Gn 14.18–20)

¿Quién es Melquisedec? La Biblia nos dice que nuestro Señor Jesús es «sacerdote para siempre según el orden de Melquisedec» (Heb 7.17). Muchos estudiosos creen que es una aparición preencarnada de Cristo. Pero está claro que Melquisedec es un tipo de Cristo.

Melquisedec era el rey de Salem, que significa «paz». Pero Salem significa mucho más que paz. También significa «completo, seguro, perfecto, entero y pleno».[2]

Melquisedec se encontró con Abram en el valle de Save, o valle del Rey (Gn 14.17). Investigué dónde se encuentra el valle del Rey y descubrí que está en el valle del Cedrón. *Cedrón* en hebreo viene de la palabra *qadar*, que significa «oscuridad».[3]

Melquisedec no era el único que estaba con Abram. Bera, el rey de Sodoma, salió al encuentro de Abram antes de que llegara Melquisedec (Gn 14.2, 17). El nombre de Bera en hebreo significa «hijo del mal».[4]

> **LA SANTA CENA NO ES ALGO QUE SE HACE, ES ALGO QUE SE RECIBE.**

Te pongo en contexto porque quiero que veas esto: *cuando estás en un lugar de tinieblas, tu Señor Jesús viene a ti, trayendo pan y vino.*

Puede que te preguntes: «¿No se convertirá la Santa Cena en algo legalista que *tengo* que hacer?». No si te ves recibiendo el pan y el vino del mismo Señor Jesús. La Santa Cena no es algo que se hace; es algo que se *recibe*, como lo hizo Abram.

Sea cual sea el valle en el que estés ahora, sea cual sea el mal al que te enfrentas, no estás solo.

Espero que abras los ojos para ver que el Rey de la paz está contigo. El Rey de la plenitud y de la seguridad está contigo, y viene trayendo pan y vino para ti. Viene a renovar tus fuerzas y a impartirte su *shalom*.

En tus momentos de oscuridad, no olvides que el Señor te ha dado la Santa Cena como una forma tangible y práctica de recordar todo lo que él ha hecho por ti.

No pienses que tienes que lidiar con la situación tú solo. El Señor está contigo, y quiere que le lleves a él todo temor y preocupación. Habla con él. Siempre que tengo miedo me gusta cantar las palabras de los salmos de David para fortalecerme en el Señor. Deseo que te llenes de su fuerza meditando y adorando con estas palabras del salmista:

> Tú eres mi refugio;
> me guardarás de la angustia;
> Con cánticos de liberación me rodearás. *Selah*
> En el día que temo,
> Yo en ti confío. (Sal 32.7; 56.3)

TODOS ATRAVESAMOS VALLES

Abram estaba en un valle justo después de haber obtenido una gran victoria. Tal vez acabas de tener una victoria —quizás hayas superado todos tus objetivos de ventas o acabes de experimentar un gran progreso—, pero en un instante puedes encontrarte en un valle. Por eso no podemos confiar en las cosas temporales. Todos, independientemente de los éxitos que hayan disfrutado, son susceptibles de tener tiempos de oscuridad en su vida.

De la misma manera, solo porque soy pastor y enseño sobre la Santa Cena no significa que no enfrente dificultades. Sé que esto es así también para otros pastores, así que, si puedes, por favor, ora por tus pastores y líderes, no sabes por lo que pueden estar pasando.

Wendy y yo atravesamos un período difícil en nuestra vida. Unos años después de tener a nuestra hija Jessica, Wendy quedó embarazada de nuestro segundo hijo, y estábamos deseando conocer a nuestro bebé. Luego, a las nueve semanas de embarazo, el doctor nos dijo que el corazón del bebé no latía. Nunca he visto a Wendy llorar como entonces, y oro para no volver a verlo. Se nos rompió el corazón. Solo podíamos llorar.

NO TENEMOS TODAS LAS RESPUESTAS, PERO SABEMOS QUE DIOS ES BUENO

Tal vez tú mismo estés pasando por un valle difícil. Tal vez estés decepcionado con Dios porque has perdido a un ser querido o porque llevas años luchando con esa enfermedad.

Quiero animarte a que no preguntes por qué. Preguntar por qué solo te llevará a una espiral descendente hacia la depresión. No preguntes: «¿Por qué me pasó esto?». No preguntes: «¿Por qué mi hijo no se ha curado aunque he confiado en ti durante años?» o «¿Por qué mi ser querido está pasando por una tragedia tras otra?».

El hecho es que, en este mundo caído, no tenemos todas las respuestas. Un día recibiremos nuestros nuevos cuerpos, lo corruptible se vestirá de incorrupción, y lo mortal, de inmortalidad (1 Co 15.53). Pero, hasta entonces, reconozco que a veces pasan cosas malas y no sé *por qué*.

Pero lo que sí *sé* es esto: Dios es un Dios bueno. Él nos ama, y él *nunca* está detrás de ningún dolor que suframos. Nuestra fe en él no se basa en nuestras experiencias, sino en la inmutable y eterna Palabra de Dios, que no puede mentir.

LA RESTAURACIÓN DE DIOS ES SIEMPRE MEJOR

Cuando Wendy y yo perdimos a nuestro bebé, nuestro dolor era demasiado fuerte, y francamente, nos resultaba difícil sentir la fe en medio de nuestras emociones. Pero, como dije antes, la fe no consiste en emociones. Aunque estábamos aplastados, seguimos confiando en él.

DIOS TE AMA Y NO ESTÁ DETRÁS DE NINGÚN DOLOR QUE SUFRAS.

Por fe, le dijimos al Señor: «No entendemos todo lo que ha pasado, pero sabemos que eres un Dios bueno». Sabemos que tú no estás detrás de esto, y confiamos en ti. No renunciaremos a tus promesas. Tú nos amas, y sabemos que nos tienes un hijo reservado, y ese niño será un campeón». Comenzamos a tomar la Santa Cena juntos, ya que creíamos que Dios nos daría un bebé, e incluso decidí pedirle al Señor que fuera un niño.

Hoy quiero que sepas que Wendy y yo podemos haber perdido nuestro bebé, pero también hemos recibido nuestra restauración. Tardó algún tiempo, pero Justin David Prince apareció, ¡y menuda restauración es!

Hayas perdido lo que hayas perdido, creemos, contigo, en que Dios te traerá tu restauración.

TUS SERES QUERIDOS EN EL CIELO ESTÁN PERFECTAMENTE SANOS Y PLENOS

Si has perdido un hijo, como nosotros, quiero que sepas que tu hijo está vivo en el cielo. Cuando el hijo de David murió, dijo: «Yo voy a él, mas él no volverá a mí» (2 S 12.23, NTV). Por eso, en lo que a Wendy y a mí respecta, tenemos tres hijos. Dos están aquí en la tierra y uno en el cielo.

Si tienes seres queridos que han fallecido, no te desanimes. Si son creyentes, los verás de nuevo. Se acaban de trasladar a un lugar donde no hay enfermedad, ni dolor ni adversidad, y están más vivos que cualquiera de nosotros.

DIOS PUEDE RESTAURAR INCLUSO LOS AÑOS ROBADOS

Aunque las cosas no hayan ido como querías, no te quedes en tu decepción. El diablo quiere que te enojes con Dios y que renuncies a sus promesas. Pero tú sigue creyendo que Dios está *a favor* y no en contra de ti. Aunque el enemigo haya destruido algo en tu vida, e incluso si has perdido años esperando que se manifestara tu sanidad, o te han sido robados los días de tu juventud, continúa creyendo que Dios puede devolverte lo que has perdido (Jl 2.25; Job 33.25).

Amigo mío, «Mantengamos firme, sin fluctuar, la profesión de nuestra esperanza, porque fiel es el que prometió» (Heb 10.23). Sigue buscando *al* Señor para ver un cambio trascendental en tu vida. Y si te encuentras demasiado cansado para seguir creyendo, espero que esta promesa te sostenga:

> **DIOS ESTÁ A TU FAVOR, Y NO EN TU CONTRA.**

Pero los que esperan a Jehová tendrán nuevas fuerzas; levantarán alas como las águilas; correrán, y no se cansarán; caminarán, y no se fatigarán. (Is 40.31)

BUSCA AMIGOS QUE PUEDAN SOSTENERTE CUANDO TU FE ESTÉ DÉBIL

A veces, cuando estamos solos, nos cuesta tener fe. Cuando no tienes fuerza ni fe, necesitas que otros te ayuden a salir adelante. Quiero compartir contigo un precioso testimonio de Audrey, una líder de mi iglesia que experimentó eso. He compartido aquí solo una parte de su testimonio:

En la vigésimo novena semana de mi embarazo, rompí aguas debido a una infección, y me ingresaron en el hospital para guardar reposo.

Esa semana, milagro era el día que pasaba sin síntomas de parto. Los amigos que conocían nuestra situación oraban con nosotros, nos animaban y nos acompañaban en la fe de que tendríamos un bebé sano. Mi esposo y yo también tomábamos la Santa Cena con la frecuencia que podíamos.

En la trigésima semana, empecé a tener contracciones y hemorragias, y nació la bebé Jenna, que pesó 1,5 kg. Dimos gracias a Dios porque no tuviera grandes complicaciones. Podía respirar sola sin necesidad de ponerle oxígeno. Todos sus órganos estaban intactos y funcionaban correctamente a pesar de su nacimiento prematuro.

Estuvo siete días en la UCI de neonatos, y en la unidad de cuidados especiales hasta que tuvo treinta y seis semanas. Durante este período, vimos cómo progresó desde ser un pequeño bebé asistido con tubos y agujas a alimentarse por sonda y finalmente a alimentarse con normalidad.

Pero la verdad es que el viaje diario al hospital era agotador. Estaba agradecida por los amigos cristianos que nos sostenían en oración. Muchos de ellos tomaban la Santa Cena por su cuenta orando por nosotros. Nuestra hija mayor también nos recordaba que recibiéramos la Santa Cena por su hermana.

Gracias a Dios, a pesar de haber nacido unos dos meses antes de tiempo, la bebé Jenna no tuvo grandes complicaciones de salud y, después de cuarenta días en el hospital, le permitieron ir a casa.

Desafortunadamente, la alegría de Audrey por poder traer a su bebé a casa duró poco. Nos contó que, después de que trajeron a la bebé Jenna a casa, notaron que estaba muy adormecida y ni siquiera lloraba por la leche. Decidieron llevarla de vuelta al hospital, donde unos días más tarde la colocaron en la UCI, ya que su ritmo cardíaco se volvió crítico de repente debido a un virus que había afectado a su corazón.

Audrey escribió:

Yo estaba destrozada. *¿Cuánto más tenía que sufrir su cuerpecito de dos kilos?* Clamé al Señor. Estaba perdiendo el hábito de la oración y la fe, pero mi marido seguía alentándome a mirar a Jesús, a cómo él ya había pagado el precio de la sanidad de Jenna. La sanidad es el pan de los hijos de Dios, me recordó. Nuestros líderes y amigos de la iglesia tampoco dejaron de orar por Jenna.

Gracias a Dios por su esposo, por los amigos de la iglesia y los líderes que estuvieron junto a ella, oraron con ella y tomaron la Santa Cena en favor de la pequeña Jenna cuando Audrey estaba «perdiendo el hábito de la oración y la fe». Cada uno de esos amigos tuvo un papel en la victoria que experimentaron, y el Señor los usó para envolver a Audrey y a su esposo en un ambiente de fe, incluso cuando siguieron encontrando reveses. Del mismo modo, le pido a Dios que tú también tengas una comunidad de amigos del reino que puedan llevarte a Jesús cuando no tengas fuerzas para seguir adelante.

Durante ese tiempo, Audrey contó que yo prediqué un nuevo mensaje sobre la Santa Cena en la iglesia y, después de escucharlo, ella y su esposo decidieron que no iban a dejar de tomar la Santa Cena y de reclamar restauración para Jenna.

En los días siguientes a la segunda estadía de Jenna en el hospital, hubo más problemas: de críticamente bajo, su ritmo cardíaco pasó a ser demasiado alto. Pero Audrey y su esposo perseveraron y siguieron participando de la Santa Cena por Jenna hasta que por fin estuvo fuera de peligro. Fue una experiencia dura, pero su bebé regresó a casa sana y fuerte. ¡Aleluya! Audrey compartió:

> **LOS AMIGOS DEL REINO PUEDEN LLEVARTE A JESÚS CUANDO NO TIENES FUERZAS PARA SEGUIR ADELANTE.**

Cuando pienso en cómo Jesús sanó al paralítico al ver la fe de los cuatro amigos que lo bajaron por el techo, le doy gracias a Dios porque también tuvimos estos «cuatro amigos». Nuestros amigos oraban continuamente por Jenna, nos animaban a seguir clamando por la sanidad divina, y a participar de la Santa Cena.

Y, cuando pienso en los dos meses de días malos que pasamos en el hospital, estoy segura de que Dios nos dará muchos, muchos días buenos en el futuro. ¡Él restaurará todo lo que se nos robó en esos días oscuros!

Amén y amén. ¡Gloria a Dios!

Si has estado lidiando con una enfermedad prolongada o estás agotado por cuidar de un ser querido que lleva mucho tiempo enfermo, se te puede presentar la depresión, como reacción a esta carga demasiado pesada. Amigo mío, trae tus preocupaciones, llévale esa carga a él. Él tiene cuidado de ti con el más profundo afecto y te observa atento (1 P 5.7). Además, quiero que sepas que Dios no te diseñó para desenvolverte en un vacío. Él quiere que estés en una iglesia local. La Biblia nos anima a no dejar «de congregarnos», sino a exhortarnos y animarnos mutuamente, sobre todo al ver que se acerca el día de su regreso (Heb 10.25).

> ÉL TIENE CUIDADO DE TI CON EL MÁS PROFUNDO AFECTO Y TE OBSERVA ATENTO.

Si no estás en una iglesia local, ¿puedo animarte a que te plantees buscar una? Una de las tácticas del enemigo es tratar de alejarte del cuerpo de Cristo y aislarte. Eso es lo que le hizo al endemoniado gadareno, que se retiró de la sociedad para vivir entre los sepulcros (Mr 5.1–5). No dejes que te haga eso.

Vuelve a casa, a la iglesia. La iglesia no es perfecta, en absoluto. Pero sí tenemos un perfecto Salvador que ha hecho una obra perfecta en la cruz, y hay seguridad, sanidad y provisión en la casa de Dios.

BUSCA AL SANADOR

Me encanta que, de todas las palabras que pudo haber elegido para darle nombre a este hermoso acto, Dios eligió la palabra *Cena*. Esta habla de la relación que Dios quiere tener con nosotros, la cercanía e intimidad que desea tener con nosotros. Sé que puede ser fácil perder eso de vista e incluso ver la Santa Cena como un medio para un fin, sobre todo cuando estás luchando contra tus síntomas. Pero, mientras sigues viniendo a la Mesa del Señor, no busques solo la sanidad, perdiendo de vista al que te preparó la mesa. Busca al sanador, y no solo la sanidad. Busca al que bendice, y no solo la bendición. Cuando lo tienes a él, lo tienes todo.

Quiero animarte con una de mis historias favoritas del Nuevo Testamento. Al llegar al final de este libro, ruego a Dios que no te quedes solo con la mera *información* sobre lo que es la Santa Cena, sino que hayas experimentado lo mismo que los dos discípulos en el camino a Emaús cuando «*Jesús mismo se acercó*, y caminaba con ellos» (Lc 24.15).

> **BUSCA AL SANADOR Y NO SOLO LA SANIDAD. CUANDO LO TIENES A ÉL, LO TIENES TODO.**

Ese viaje a Emaús tuvo lugar el mismo día en que nuestro Señor Jesús se levantó de la tumba. ¿Qué era tan importante para el Señor como para hacerlo el día de su resurrección?

El Cristo resucitado hizo esto:

Y comenzando desde Moisés, y siguiendo por todos los profetas, *les declaraba en todas las Escrituras lo que de él decían.* (Lc 24.27)

Más tarde los dos discípulos se dijeron: «*¿No ardía nuestro corazón en nosotros,* mientras nos hablaba en el camino, y cuando nos abría las Escrituras?» (Lc 24.32).

Como pastor, eso es lo que me esfuerzo por hacer todos los domingos, y eso es lo que pido a Dios haber logrado en las páginas de este libro. Espero, por la gracia de Dios, haber podido exponerte en las Escrituras, no una lista de normas y reglamentos, ni de conocimientos que inflen el *intelecto,* sino cosas concernientes a *él.*

Le pido a Dios que tu corazón haya ardido dentro de ti al ver a Jesús en las Escrituras y que hayas experimentado su profundo y personal amor por ti como nunca. Espero que hayas sentido al *mismo* Jesús acercándose a ti, prodigándote su amor e impartiéndote todo lo que necesitas. Y, más allá de lo que pueda hacer por ti o por tu ser querido, más allá de la sanidad de esa enfermedad con la que podrías haber estado luchando, le pido a Dios que hayas tenido un encuentro con el *mismo* Señor Jesús.

LA MALDICIÓN HA SIDO REVERTIDA

Había muchas personas importantes a las que nuestro Señor podría haberse aparecido, pero, antes de aparecerse incluso a Pedro, a Santiago y a Juan, eligió aparecerse a estos dos discípulos en el camino a Emaús. ¿Por qué?

Creo que el Señor estaba a punto de emprender un viaje de restauración. Esto me emociona tanto que apenas puedo contenerme. No te pierdas esto, porque creo que lo que estás a punto de leer te dejará alucinado y además sanará tu cuerpo. Quiero que veas el desarrollo de la restauración. ¿Me sigues?

Veamos lo que pasó en el jardín del Edén, donde el Señor caminó con *dos*, Adán y Eva (Gn 3.8):

> Y vio la mujer que el árbol era bueno para comer, y que era agradable a los ojos, y árbol codiciable para alcanzar la sabiduría; y *tomó de su fruto, y comió*; y dio también a su marido, el cual comió así como ella. *Entonces fueron abiertos los ojos de ambos, y conocieron que estaban desnudos.* (Gn 3.6–7)

Comieron del árbol del conocimiento del bien y del mal. Y sus ojos se abrieron a su desnudez.

A través de ese acto de comer de un árbol, el pecado y la muerte entraron en el mundo (Ro 5.12). El hombre no fue creado para tener enfermedades, trastornos o dolencias. El hombre no fue creado para envejecer y morir. Dios odia la muerte. Por eso llama enemigo a la muerte (1 Co 15.26). Nuestro Señor Jesús incluso lloró por la muerte de Lázaro (Jn 11.35).

Pero mira cómo Dios lo revertió todo.

CONÓCELO A TRAVÉS DE LA SANTA CENA

La mayoría asume que los dos discípulos con los que Jesús estuvo en el camino a Emaús eran varones, aunque solo se menciona a uno, Cleofas. Tengo muchas razones para creer que el otro discípulo era una mujer, y que probablemente eran marido y esposa. Por ejemplo, se dijeron: «¿No ardía *nuestro corazón* en nosotros mientras nos hablaba en el camino, y cuando nos abría las

DIOS ODIA LA MUERTE. POR ESO LLAMA ENEMIGO A LA MUERTE.

Escrituras?» (Lc 24.32). ¿No debería haber sido «nuestros corazones» y no «nuestro corazón», ya que eran dos personas? Yo te digo que estaban casados y se veían como uno solo (Gn 2.24).

En cualquier caso, mira lo que pasó con los dos discípulos al final del trayecto a Emaús. El pecado y la muerte entraron a través de un acto de comer, y vamos a ver a Jesús restaurar todo lo que se perdió en el jardín del Edén, a través de otro acto de comer:

> Y aconteció que estando sentado con ellos a la mesa, *tomó el pan y lo bendijo, lo partió, y les dio*. Entonces les fueron abiertos los ojos, y le reconocieron. (Lc 24.30–31)

Mientras los dos discípulos caminaban hacia Emaús con Jesús, tenían los ojos velados y el Señor les impidió reconocerle (Lc 24.16). Pero, en el momento en que tomaron el pan de manos de Jesús, la Biblia nos dice que se abrieron sus ojos. Pero esta vez, a diferencia de Adán y Eva, sus ojos no se abrieron a su desnudez. Sus ojos se abrieron para reconocer a Jesús.

La palabra *reconocieron* usada aquí es en griego *epiginosko*, que significa «conocimiento o revelación plena o íntima».[1] En otras palabras, cuando tomaron el pan y lo comieron, sus ojos se abrieron para percibir quién estaba realmente en medio de ellos: ¡el Mesías al que habían seguido, que había traído sanidad, restauración y vida a tantos, y que había derrotado a la muerte! Más tarde, los dos discípulos hablaron de las cosas que habían sucedido en el camino, en particular «cómo le habían reconocido al partir el pan» (Lc 24.33–35).

¿Qué es este pan que pudo hacer que los dos discípulos *reconocieran* a Jesús?

TOMAR DEL ÁRBOL DE LA VIDA

Lucas 24:30 dice que «Tomó el pan y lo bendijo, lo partió, y les dio».

¿No te recuerda esto a otro momento en que Jesús tomó el pan, lo bendijo y lo partió, y lo dio a los discípulos, diciendo: «Tomad, comed; esto es mi cuerpo» (Mt 26:26; Mr 14.22)?

¡El Cristo resucitado celebró la Santa Cena con los dos discípulos! Qué honor ha puesto el Señor Jesús en el partimiento del pan, en este maravilloso sacramento que ha dado a la iglesia.

Pastores y líderes, creo que el Señor nos estaba mostrando lo que debe ocurrir en nuestras iglesias cada domingo. Primero, nos mostró que debemos enseñar en «todas las Escrituras», incluyendo a Moisés y todos los profetas, las cosas que se dicen de *él* (Lc 24.27). Creo que los ojos de los dos discípulos estaban *velados* para reconocerlo físicamente (Lc 24.16), porque para el Señor era más importante que lo vieran en las Escrituras que en persona.

Segundo, el Señor puso la Santa Cena en un pedestal divino, hizo de ella algo central. Por eso en mi iglesia recibimos la Santa Cena todas las semanas. Eso es lo que la iglesia primitiva también hacía. El libro de Hechos nos dice que «el primer día de la semana» los discípulos se reunían «para partir el pan» (Hch 20.7). ¿No deberíamos poner el énfasis en lo mismo que nuestro Señor Jesús?

> EL SEÑOR PUSO LA SANTA CENA EN UN PEDESTAL DIVINO E HIZO DE ELLA ALGO CENTRAL. ¿NO DEBERÍAMOS PONER EL ÉNFASIS EN LO MISMO QUE ÉL?

Cuando Dios creó a Adán y Eva, los hizo completos, excepto por una cosa: sus ojos espirituales no estaban abiertos. Dios quería que sus ojos espirituales fueran abiertos por el árbol de la vida, pero, en vez de eso, ellos tomaron del árbol del conocimiento del bien y del mal, y sus ojos se abrieron para ver su desnudez. Sus ojos se abrieron para ver sus fracasos y deficiencias, sus carencias e insuficiencias, su pecado y su vergüenza.

Pero nuestro Señor Jesús estaba restaurando todo lo que se había perdido en ese huerto. Creo que cuando partió el pan para los dos discípulos, les permitió comer del árbol de la vida, el árbol del que Dios quería que el hombre comiera. Nuestro Señor Jesús *es* el árbol de la vida, y cuando participamos de su cuerpo roto, estamos comiendo de dicho árbol. Por eso, en cuanto los dos discípulos tomaron el pan, *sus ojos se abrieron* y reconocieron al Señor Jesús. El apóstol Pablo también oró para que se abran nuestros ojos, para que veamos a Jesús, para que tengamos una verdadera revelación de su amor (Ef 1.17–18; 3.18–19). Llevaba años buscando en las Escrituras para saber más sobre el árbol de la vida y estaba emocionadísimo cuando el Señor me mostró esto.

Después de que los dos discípulos participaron del árbol de la vida, creo que algo les pasó a sus cuerpos: fueron imbuidos y revitalizados con la vida de resurrección de Cristo. Por eso pudieron levantarse en esa misma hora para caminar de vuelta a Jerusalén (Lc 24:33), cubriendo más de veintidós kilómetros en un día (Lc 24.13). Hoy podemos regocijarnos porque esa misma vida de resurrección fluye en nuestros cuerpos cada vez que participamos de la Cena del Señor.

> CADA VEZ QUE PARTICIPAMOS DE LA CENA DEL SEÑOR, SU VIDA DE RESURRECCIÓN FLUYE POR NUESTRO CUERPO.

Con su acto de comer, Adán y Eva entraron en maldición, que incluía la enfermedad, el estrés, las enfermedades, el dolor y la muerte. ¡Tú y yo podemos participar del árbol de la vida siempre que participamos de la Cena del Señor y, con nuestro acto de comer *¡entramos en la salud y la vida!*

Por cierto, después de su pecado, los corazones de Adán y Eva se llenaron de temor y se escondieron al oír la voz de Dios en el huerto (Gn 3.10). Pero, mientras el Cristo resucitado caminaba con ellos en el camino a Emaús, el corazón los dos discípulos ardía de amor por Jesús (Lc 24.32) y querían estar más tiempo con él (Lc 24.29). Nuestro Señor Jesús ha restaurado la relación con Dios que se había roto y perdido con la caída de Adán y Eva, y hoy ya no tenemos que tener miedo del Señor. Sean cuales sean las dificultades que se nos presenten, podemos estar seguros de que él es *por* nosotros (Ro 8.31) y podemos acercarnos confiadamente a su trono de gracia (Heb 4.16).

Cada vez que partas el pan, que tus ojos se abran para *ver a Jesús*, y que puedas *reconocerle*. Que lo conozcas cada vez más a fondo y tengas una revelación cada vez más profunda de su belleza y perfección. La Santa Cena consiste en recordarlo a él, no su sanidad, ni sus milagros, solo a Jesús *mismo*.

TODO GIRA EN TORNO A JESÚS

A estas alturas, probablemente estés familiarizado con Isaías 53.4, que dice:

Ciertamente llevó él nuestras enfermedades, y sufrió nuestros dolores.

Cuando el autor del Evangelio de Mateo lo citó, dijo:

«*Él mismo* tomó nuestras enfermedades, y llevó nuestras dolencias» (Mt 8.17)

Me encanta la expresión *él mismo* por lo personal e íntima que es.

Sin duda, él mismo tomó nuestras enfermedades y llevó nuestras dolencias. No lo hizo un ángel. Tu salud y tu integridad eran demasiado importantes para él, así que *él mismo* cargó con todas tus enfermedades y dolencias.

Tómate un tiempo para meditar en la expresión *él mismo*. Tómate un tiempo para recordar a Aquel que sufrió y murió por ti, Aquel que tomó tus enfermedades y las llevó

RECUERDA A AQUEL QUE LLEVÓ TUS ENFERMEDADES Y CARGÓ CON ELLAS PARA QUE TÚ NO TUVIERAS QUE SUFRIRLAS.

sobre sí para que tú no tuvieras que sufrirlas. Lo hizo *Jesús mismo* porque tú eres muy valioso para él.

Sea cual sea la enfermedad que te hayan diagnosticado, Jesús mismo la ha tomado sobre su propio cuerpo. No te concentres en buscar la sanidad; concéntrate en el Señor Jesús mismo. Pon la mirada en «quien llevó *él mismo* nuestros pecados en su cuerpo sobre el madero, para que nosotros, estando muertos a los pecados, vivamos a la justicia; y por cuya herida fuisteis sanados» (1 P 2.24).

Muchas veces, cuando lo buscas y simplemente pasas tiempo en su presencia, tus miedos y preocupaciones se desvanecen. Encuentras que en su presencia hay paz *shalom*. Hay sanidad. Hay plenitud. Y, cuando buscas tus síntomas, *ya no* los encuentras.

¿Por qué?

Porque estás en presencia del Sanador.

Cuando Dios les dijo a los hijos de Israel: «Yo soy el Señor, quien los sana» (Éx 15.26, NTV), se presentaba como *Jehová Rafa*. No les dijo: «Les daré sanidad» o «Les daré salud». Les dijo «YO SOY su sanidad, y YO SOY su salud». Cuando tocas a Jesús, tocas la sanidad. Él no da la sanidad como si fuera una cosa. Se da a sí mismo.

> CUANDO TOCAS A JESÚS, TOCAS LA SANIDAD.

Hay muchos estudios que afirman haber hallado el secreto de la longevidad y la salud, y te dicen todas las cosas que tienes que comer y hacer si quieres vivir mucho tiempo y mantenerte sano. No tengo nada en contra de esos estudios y estoy totalmente de acuerdo en que *debes* hacer elecciones saludables en cuanto a comida y estilo de vida. Pero, mientras tu bienestar dependa de las cosas que tienes que *hacer*, no estarás seguro. Mejor, que tu salud y tu seguridad se basen en alguien que nunca falla, alguien que todo lo puede, todo lo sabe y, lo mejor de todo, todo lo ama. Entonces podrás tener una seguridad inquebrantable y una paz indescriptible.

No tienes que buscar la sanidad, la provisión y la protección. Cuando tienes a Jesús, tienes todo lo que necesitas. Si hay una parte de tu cuerpo que sufre muerte, el Señor te dice: «*Yo* soy la resurrección y la vida» (Jn 11.25). Si los doctores te han dicho que morirás joven, el Señor te dice que «*él* es vida para ti, y prolongación de tus días» (Dt 30.20). Si te han dado un diagnóstico negativo y tienes miedo, el Señor te dice: «No temas [...] *yo* soy tu escudo» (Gn 15.1). Si has estado lidiando con una recaída tras otra y estás aplastado por el desánimo, el Señor te declara: «*Yo* soy tu fortaleza y tu cántico» (Éx 15.2).

VIVIR SIENDO AMADO POR EL PASTOR

Te enfrentes a lo que te enfrentes en tu vida, no tienes que ir por ahí tratando de satisfacer todas tus necesidades. Solo tienes que buscar a *Jesús mismo*. Cuando tienes a la persona de Jesús, posees todos los beneficios que vienen con la persona.

Este es un aspecto particular del Señor sobre el que quiero llamar tu atención.

A lo largo de la Biblia, vemos descripciones de Dios. Lo vemos personificado como nuestra fortaleza, nuestro refugio y nuestra torre. Pero, de todas las imágenes que se usan en el Antiguo y Nuevo Testamento, una de las más frecuentes es la de Dios como nuestro Pastor.

CUANDO TIENES A JESÚS, TIENES TODO LO QUE NECESITAS.

Y muchas veces vemos que se usan las imágenes del pastor y las ovejas en el contexto de la sanidad.

Por ejemplo, dice en Ezequiel:

Yo apacentaré mis ovejas, y yo les daré aprisco, dice Jehová el Señor
Yo buscaré la perdida, y haré volver al redil la descarriada; vendaré la perniquebrada, y fortaleceré la débil. (Ez 34.15–16)

Me encantan las Biblias que tienen un margen amplio porque puedo escribir mis comentarios. Tengo anotaciones en toda mi Biblia, y junto a

Isaías 53.5–6 y 1 Pedro 2.24–25, escribí: «Esta imagen de pastor y rebaño fomenta la sanidad».

Déjame mostrarte algo muy importante cuando compares estos dos pasajes de las Escrituras:

Mas él herido fue por nuestras rebeliones, molido por nuestros pecados; el castigo de nuestra paz fue sobre él, *y por su llaga fuimos nosotros curados. Todos nosotros nos descarriamos como ovejas*, cada cual se apartó por su camino; mas Jehová cargó en él el pecado de todos nosotros. (Is 53.5–6)

Quien llevó él mismo nuestros pecados en su cuerpo sobre el madero, para que nosotros, estando muertos a los pecados, vivamos a la justicia; *y por cuya herida fuisteis sanados. Porque vosotros erais como ovejas descarriadas, pero ahora habéis vuelto al Pastor y Obispo de vuestras almas.* (1 P 2.24–25)

Durante mi tiempo de estudio, sentí que el Señor me decía: «El día que mi pueblo me vea como su pastor, y no solo lo sepa en su cabeza, sino que realmente me experimente como su pastor, sus días de enfermedades habrán terminado».

Éramos como ovejas descarriadas, y por eso estábamos enfermos. Pero ahora ya no somos como ovejas que se han descarriado. Ahora *hemos vuelto al Pastor y Obispo de nuestras almas.* Por eso, podemos tener la plena seguridad de que por sus heridas somos sanados.

Por cierto, el verbo *volver* en el texto griego original está en voz pasiva.[2] Esto significa que tú no eres el sujeto activo

> **COMO OVEJAS SUYAS, LO QUE NOS CORRESPONDE ES SIMPLEMENTE CONSENTIR EN SER AMADOS POR ÉL, DEJAR QUE NOS LLEVE SOBRE SUS HOMBROS Y DESCANSAR EN SU FUERZA.**

aquí. Es el Espíritu Santo el que te ha traído de vuelta y te ha hecho volver. ¿Recuerdas la parábola que nuestro Señor Jesús contó sobre el pastor que dejó las noventa y nueve ovejas para buscar la que se había perdido (Lc 15.1–7)? El Pastor es el que busca la oveja perdida, la encuentra y se la carga al hombro, lleno de alegría. Como ovejas, lo que nos corresponde es *simplemente consentir en ser amados por él*, dejar que nos lleve sobre sus hombros y descansar en su fuerza.

Por cierto, si observas con más detenimiento esta parábola, verás que el Señor Jesús estaba enseñando sobre el *arrepentimiento*. Al final de la parábola, dijo: «Os digo que así habrá más gozo en el cielo por un pecador que se arrepiente, que por noventa y nueve justos que no necesitan de arrepentimiento» (Lc 15.7). Pero déjame preguntarte algo: ¿Qué hizo la oveja para «arrepentirse»? ¿No fue el Pastor quien hizo todo?

Exacto. Muchas personas piensan que el arrepentimiento consiste en autoflagelarse y condenarse por sus acciones. Es cierto que hay lugar para expresiones externas de remordimiento, y Jesús habló de tal arrepentimiento cuando dijo: «¡Ay de ti, Corazín! ¡Ay de ti, Betsaida! Porque si en Tiro y en Sidón se hubieran hecho los milagros que han sido hechos en vosotras, tiempo ha que se hubieran arrepentido en cilicio y en ceniza» (Mt 11.21).

Pero el término griego traducido como *arrepentido* es *metanoia*, y en realidad significa «cambio de mente».[3] Esto significa que el arrepentimiento puede producirse en silencio, sin manifestación exterior, y creo que incluso ahora mismo, al leer este libro y escuchar las verdades sobre cómo Dios te ama y está *por* ti, se está produciendo arrepentimiento. En la parábola de la oveja perdida, esta no *hizo* nada para «arrepentirse». Simplemente le permitió al pastor encontrarla y cargarla sobre sus hombros. Y así es como nuestro Señor Jesús define el arrepentimiento en el nuevo pacto. El arrepentimiento es una respuesta a su amor. Eres

> EL ARREPENTIMIENTO ES RESPONDER A SU AMOR Y CONSENTIR EN SER SALVADO.

> **MANTENTE CERCA DE TU BUEN PASTOR Y DEJA QUE ÉL TE PROVEA.**

tú aceptando ser salvado. Dando tu consentimiento de ser amado. Aceptando ser cargado sobre sus fuertes hombros y envuelto en sus brazos de amor. Eso es el arrepentimiento.

Si solías creer que Dios usa la enfermedad para castigarte o enseñarte una lección, o si solías pensar que no eres apto para recibir sanidad, espero que te hayas *arrepentido* de esas creencias erróneas, y que sepas que tienes un Pastor que quiere que descanses en su amor y fortaleza, un Pastor que te busca cuando estás perdido, ¡un Pastor que se regocija por ti cuando te encuentra!

TU AMADO PASTOR PROVEE PARA TODAS TUS NECESIDADES

Otra imagen famosa de Dios como nuestro Pastor la tenemos en el bello salmo 23. Lo escribió David, un pastor que veía al Señor como su Pastor:

> Jehová es mi pastor;
> nada me faltará.
> En lugares de delicados pastos me hará descansar;
> Junto a aguas de reposo me pastoreará.
> Confortará mi alma;
> Me guiará por sendas de justicia
> por amor de su nombre.
> Aunque ande en valle de sombra de muerte,
> No temeré mal alguno,
> porque tú estarás conmigo;
> Tu vara y tu cayado me infundirán aliento.
> Aderezas mesa delante de mí en presencia de mis angustiadores;
> Unges mi cabeza con aceite;
> mi copa está rebosando.

Ciertamente el bien y la misericordia me seguirán
todos los días de mi vida,
Y en la casa de Jehová moraré
por largos días.

Cuando veas al Señor como tu pastor, no te faltará nada, y eso incluye la salud. Sea cual sea la necesidad que tengas, no te faltará nada, porque tu Buen Pastor te proveerá. No tienes que correr desesperado tratando de encargarte de todo y viviendo como si no tuvieras a Dios. Sea cual sea la enfermedad a la que te enfrentes, el diagnóstico negativo que hayas recibido, mantente cerca del Pastor y deja que él te provea.

> **EL DESCANSO NO ES INACTIVIDAD; ES ACTIVIDAD DIRIGIDA POR EL ESPÍRITU.**

DESCANSA EN SU OBRA CONSUMADA

¿Te fijaste en qué es lo primero que hace el Pastor? El salmista escribió: «En lugares de delicados pastos me hará *descansar*» (Sal 23.2). Cuando le permitas ser tu Buen Pastor, te llevará a delicados pastos y te hará descansar. Puedes descansar, porque él te proveerá. Él te llevará junto a aguas tranquilas donde podrás beber y refrescarte. En hebreo usa la palabra *manuka*, bien traducida como «reposo», para referirse a las aguas tranquilas.[4] Él te quiere en un lugar donde reposes en lo que él ha hecho, en la victoria que él ya obtuvo en la cruz.

No es casual que muchos de los milagros de sanidad de Jesús tuvieran lugar en sábado. Curó a un hombre con una mano paralizada (Mt 12.10–13), a una mujer que llevaba dieciocho años encorvada (Lc 13.10–13), a un hidrópico (Lc 14.2–4), y en el estanque de Betesda a otro hombre que llevaba treinta y ocho años enfermo (Jn 5.2–9), todo en sábado. Dios le dijo a su pueblo que observara el sábado como día de reposo (Éx 20.8–11). Cuando descansamos, Dios trabaja; cuando trabajamos, Dios descansa. ¡No sé tú, pero yo no puedo permitirme no tener a Dios trabajando en cada parte de mi vida!

Tal vez tus seres queridos o tú han estado lidiando con una dolencia crónica. Permíteme explicarte que «reposo» no significa que no hagas nada. No significa que no cumplas con lo que los doctores te han aconsejado, que no realices los ejercicios de fisioterapia que te han prescrito, ni que te quedes sentado en casa en actitud de negación. El reposo *no* es inactividad; es una actividad dirigida por el Espíritu en la que permites que el Espíritu Santo te guíe en lo que tienes que hacer, y lo haces sin preocuparte porque sabes que él tiene el control.

> **VIVE LA VIDA SIENDO AMADO POR TU BUEN PASTOR, SABIENDO QUE ÉL ESTÁ ATENTO A TI.**

¿Quieres saber cuál es el resultado cuando dejamos que el Señor nos dé su reposo? Déjame mostrarte lo que dijo el rey Salomón:

Ahora Jehová mi Dios me ha dado paz por todas partes; pues ni hay adversarios, ni mal que temer. (1 R 5.4)

¿No es maravilloso? Pido a Dios que lo experimentes en el nombre de Jesús, para que llegues a un punto en el que no haya ni adversarios ni males en tu vida. ¡Amén!

Querido amigo, ruego a Dios que puedas ver esto. No tienes que tratar de manejarlo todo ni de tener el control de todo en tu vida. Dios no te hizo para que fueras tu propio salvador. Dios es nuestro Buen Pastor, y quiere que vivas la vida siendo amado por él, consciente de que él vela por ti. No tienes que seguir preocupándote por ti y viviendo la vida como si no tuvieras a Dios.

Aunque te encuentres andando en valle de sombra de muerte, puedes estar sin miedo a ningún mal, porque tu Buen Pastor *está* contigo. Hace algunos años, vi personalmente cómo el Señor llevó a cierta persona por el valle de sombra de muerte y la trajo literalmente de la muerte a la vida por medio de la Santa Cena.

TRAÍDA DE REGRESO A LA VIDA

Durante años habíamos organizado viajes a Israel para los miembros de nuestra iglesia. Un día nos informaron que había habido una emergencia. Una de las señoras de nuestra iglesia acababa de aterrizar en Tel Aviv. Cuando estaba desembarcando del avión, se desplomó de repente y empezó a echar espuma por la boca. Enviaron inmediatamente una ambulancia, pero, de camino al Centro Médico Assaf Harofeh, sufrió un paro cardíaco y su corazón se detuvo. En el hospital, los doctores trataron de salvarla, pero no hubo respuesta y casi se dieron por vencidos. Gracias a Dios, lograron reanimarla. Sin embargo, solo pudieron mantenerla con vida con respiración artificial, y su estado seguía siendo crítico.

Sus médicos le diagnosticaron una trombosis venosa profunda, una rara enfermedad que se desarrolla cuando se forma un coágulo de sangre en una vena profunda. Durante el vuelo, se le había formado un coágulo en la pierna, que se le fue al corazón y finalmente a uno de sus pulmones. Advirtieron que no podría sobrevivir y que, aunque lo hiciera, su cerebro había estado demasiado tiempo sin oxígeno. Los doctores la controlaban de cerca, temiendo que empeorara aún más.

Su esposo y algunos de los familiares que la acompañaban oraron por ella y tomaron la Santa Cena, declarando salud sobre ella. Los líderes de la iglesia que dirigían el grupo turístico también oraron por ella.

Mientras tanto, mis pastores y yo estábamos en otra parte de Israel y, para cuando llegamos al hospital, tenía la cara toda hinchada y estaba conectada a varios tubos e instrumentos médicos. Uno de mis pastores me contó más tarde que ella estaba en una situación tan lamentable que no podía ni mirarla. Tuvo que cerrar los ojos cuando oró por ella. Humanamente, era muy difícil creer en su recuperación. Pero, por fe, participamos de la Santa Cena en la unidad de cuidados intensivos junto con su familia y declaramos que, por el cuerpo quebrantado de nuestro Señor Jesús, ella estaba recibiendo vida.

Al día siguiente, recuperó la consciencia. Y sus doctores no encontraron ni rastro de ningún coágulo.

CUANDO ESTÁS ENFERMO, JESÚS NUNCA TE CONDENA, TE VE EN LA NECESIDAD DE SER RESCATADO.

No podían entender qué había pasado con el coágulo. Dijeron que su recuperación era un «milagro» e insistieron en mantenerla en observación unos días. Pero nosotros sabíamos lo que había pasado. ¡Nuestro Señor Jesús la había curado y le había quitado el coágulo!

¿Y adivinas lo que hizo la señora cuando le dieron el alta? Se unió al siguiente grupo de turistas de nuestra iglesia, y el primer lugar que visitó fue la Tumba del Huerto, el lugar donde nuestro Señor Jesús resucitó de entre los muertos. ¡Aleluya!

¿HAS CAÍDO EN UN HOYO?

Nuestro Señor Jesús entró en una sinagoga un sábado, y había allí un hombre con una mano seca. Los fariseos buscaban oportunidades para acusar a Jesús de algún mal, así que lo retaron, diciendo: «¿Es lícito sanar en el día de reposo?». Nuestro Señor respondió: «¿Qué hombre habrá de vosotros, que tenga una oveja, y si esta cayere en un hoyo en día de reposo, no le eche mano, y la levante? Pues ¿cuánto más vale un hombre que una oveja? Por consiguiente, es lícito hacer el bien en los días de reposo. Entonces dijo a aquel hombre: Extiende tu mano. Y él la extendió, y le fue restaurada sana como la otra» (Mt 12.9–13).

Quiero que sepas algo: cuando alguien está enfermo, el Señor nunca falla ni condena a la persona. Él ve a la persona como una oveja que ha caído en un hoyo, que necesita ser rescatada. Si se trata de un problema de salud, no permitas que el acusador te haga creer no apto para recibir su sanidad diciéndote cosas como: «Debiste haber cuidado tu dieta» o «Tenías que haber hecho más ejercicio». Aunque sea culpa tuya, el Señor Jesús puede curarte y está más que dispuesto a hacerlo.

Eso no significa que no seas sabio en el cuidado de tu salud. Si se lo permites, el Señor puede guiarte incluso en cuestiones prácticas, como qué comer y cómo hacer ejercicio. La clave está en no prestar tu oído a la voz de la vergüenza, la condena y la acusación. ¡Escucha más bien la voz de tu Pastor que viene a rescatarte!

EL BUEN PASTOR DA SU VIDA POR SUS OVEJAS

La Biblia nos dice que el Buen Pastor da su vida por las ovejas (Jn 10.11). Pero ¿conoces el contexto de este versículo? Deja que te lo enseñe:

> «El ladrón no viene sino para hurtar y matar y destruir; yo he venido para que tengan vida, y para que la tengan en abundancia. Yo soy el buen pastor; el buen pastor su vida da por las ovejas». (Jn 10.10–11)

Aunque él es nuestro Pastor, dio su vida como el Cordero de Dios. Apocalipsis 5.12 declara: «El *Cordero* que fue inmolado es digno». ¿Por qué usa Dios en el sacrificio la imagen del Cordero y no la del Pastor? Porque Dios quiere que veas que Jesús murió en *tu* lugar. Él, el Buen Pastor, se convirtió en el Cordero de Dios por ti. Puedes tener la vida más abundante no porque la merezcas, sino porque él dio su vida por la tuya. Él cargó con tus enfermedades y tus dolores, y te dio su integridad y su salud.

Por lo tanto, «No temáis, manada pequeña, porque a vuestro Padre le ha placido daros el reino» (Lc 12.32). No temas. Sea cual sea la dolencia a la que te enfrentes, puedes creer que verás la plena manifestación de su sanidad. Sigue tomando

PUEDES TENER LA VIDA MÁS ABUNDANTE PORQUE ÉL DIO SU VIDA POR LA TUYA.

del árbol de la vida y permite que su vida abundante inunde tu cuerpo cada vez que participas de él. Dios ya te ha dado lo mejor que tiene el cielo, el mismo Señor Jesús. ¿Cómo no va a darte también con Jesús *todas las cosas gratuitamente* (Ro 8.32)? Sea lo que sea a lo que te enfrentes, no te desanimes. ¡*Verás* «la bondad de Jehová en la tierra de los vivientes» (Sal 27.13)!

PALABRAS FINALES

Le pido a Dios que este libro te haya fortalecido y animado, y que ahora sepas, sin sombra de duda, que Dios quiere que tus seres queridos y tú sean sanados y estén bien.

También espero que hayas aprendido que puedes venir confiadamente a su mesa y comer y beber de la sanidad sobrenatural, la salud, la plenitud y la vida del Señor a través de la Santa Cena.

Puedes participar de la Santa Cena tú solo. Pero quiero animarte a que la tomes con tu familia o con creyentes afines que puedan envolverte con su fe, sobre todo cuanto estés sin fuerzas para creer. «Porque donde están dos o tres congregados en mi nombre, allí estoy yo en medio de ellos» (Mt 18.20). No hagas este viaje solo.

De momento, ¿me concederías el privilegio de participar de la Santa Cena contigo? Por favor, prepara los elementos de la Santa Cena y, cuando estés listo, sigue leyendo.

Sostengamos el pan en nuestras manos y hablemos con nuestro Sanador, quien pagó el precio de nuestra salud e integridad en la cruz del Calvario:

Querido Señor Jesús, venimos a ti y recordamos todo lo que has hecho por nosotros en la cruz. Gracias porque nos amas tanto que renunciaste al cielo por nosotros. Gracias por permitir que tu

cuerpo fuera partido para que el nuestro esté completo. Al partici-
par, recibimos la vida, la salud y la fuerza de tu resurrección. Por
tu gracia, estaremos completamente fuertes y saludables todos los
días de nuestra vida. Nuestros ojos no se oscurecerán ni perdere-
mos nuestro vigor. No puede permanecer ninguna enfermedad en
nuestro cuerpo porque el mismo poder que te levantó de la tumba
es el que fluye a través de nosotros. Por tus heridas somos sanados.

Comamos el pan.

Ahora sostén la copa en tus manos y dile:

Señor Jesús, gracias por tu preciosa sangre. Gracias por lavarnos
de todos nuestros pecados. Estamos ante ti completamente justos y
perdonados. ¡Tu sangre nos ha redimido de toda maldición y hoy
podemos recibir gratuitamente todas las bendiciones que coronan
la cabeza de los justos!

Bebamos.

En este mismo momento, yo creo que ya estás más fuerte y saludable. ¡Aleluya!

Estoy deseando tener noticias tuyas cuando recibas tu cambio para
mejor. Cuando eso suceda, ¿me escribirías a JosephPrince.com/eat para
que juntos podamos animar a otros que siguen confiando en que Dios
los va a sanar?

Amigo mío, eres muy amado.

Oro para que, aun después de cerrar este libro, el Señor ya haya
dejado en tu corazón una enseñanza imborrable y hayas experimentado
su amor por ti de una manera que no creías posible. Deseo que sigas
viendo en todas las Escrituras las cosas que hablan de él. Y que vengas a
su mesa a menudo, que aproveches todas las oportunidades de recordar
todo lo que ha hecho por ti y proclames su obra consumada. ¡Declaro
que tus días más saludables, fuertes y vigorosos están por venir, en el
nombre de Jesús! Amén.

PREGUNTAS FRECUENTES SOBRE LA SANTA CENA

Pido a Dios que lo que he compartido en los capítulos anteriores haya hecho que tu corazón se arraigue cada vez más en el amor del Señor por ti. Oro para que hayas llegado a ver cuánto desea Dios que estés sano y bien, cuánto sufrió para comprar tu sanidad, y cómo recibir la Santa Cena es su manera simple pero poderosa de que camines en su sanidad, integridad y vida abundante.

Amigo mío, la sanidad es un regalo de gracia. Eso significa que Dios lo ha hecho todo. Solo tienes que darle las gracias por ello y recibirlo. Y en eso consiste la Santa Cena, en recibir lo que él ya ha hecho por ti.

Si tenías preguntas que te impedían tomar la Santa Cena como lo hacían el apóstol Pablo y la iglesia primitiva, espero haberlas respondido. Si no, espero abordarlas aquí. Espero que estas respuestas traigan paz a tu corazón, que te hagan asirte de este regalo de gracia, y te encaminen en un maravilloso viaje en el que veas tu sanidad hecha realidad en tu vida y en la de tus seres queridos.

1. ¿Con qué frecuencia puedo participar de la Santa Cena?

Puedes participar de la Santa Cena y recibir todos los beneficios de la obra terminada de Cristo tantas veces como quieras. Nuestro Señor Jesús dijo: «Haced esto todas las veces que la bebiereis, en memoria de mí» (1 Co 11.25). Dice «todas las veces», no pone límites.

Nuestro Señor Jesús no limita el número de veces que puedes tomar de él. Su provisión es inagotable, y le pido a Dios que te revele más de su amor por ti y amplíe tu capacidad de recibir de él. Cuando multiplicó los cinco panes y dos peces para alimentar a cinco mil personas, su provisión no se detuvo hasta que todos tomaron «cuanto querían» (Jn 6.11). El suministro no se detuvo por quedarse sin pan y sin pescado. Se detuvo porque la gente había comido suficiente. Aun así, sobraron «doce cestas de pedazos» (Jn 6.13).

¿Ves la esplendidez del Señor contigo y cómo su corazón desea bendecirte y sanarte? Él no quiere que participes de él con manos tímidas, cuando su corazón es tan generoso contigo. Quiere derramar sus bendiciones sobre ti, y que recibas todas las bendiciones de salud, integridad y larga vida que te dio con su muerte.

Si te están atacando tus síntomas durante el día, quiero animarte a que participes de la Santa Cena durante el día. Si el enemigo te ataca día y noche, entonces levanta el pan y la copa día y noche y participa de su obra consumada día y noche. Si te han recetado un medicamento que tiene ciertos efectos secundarios, no tomes solo el medicamento. Participa de la Santa Cena cada vez que tomes tu medicación, y confía en él para que te proteja de los efectos secundarios.

Si tomas la medicación una o tres veces al día, participa de los elementos de la Santa Cena el mismo número de veces en fe, dándole gracias cada vez. En cada ocasión, declara que por sus heridas eres sanado (Is 53.5). Declara que él te saciará de larga vida y te mostrará su salvación (Sal 91.16). Di con valentía: «El Señor perdona todas mis iniquidades y sana todas mis dolencias. No moriré, sino que viviré y contaré de su bondad hacia mí» (Sal 103.3; 118.17).

2. ¿Debe usarse solo pan ácimo de matzá y jugo de uva? ¿Puedo usar pan normal o incluso agua? ¿Y vino?

Tomar la Santa Cena no consiste en llevarse un tipo particular de pan a la boca o en tomar una bebida determinada. El poder de la Santa Cena no reside en los ingredientes físicos del pan o la bebida. No hay ninguna receta especial que seguir. Los elementos no tienen nada que ver con el tipo de harina o líquido utilizado, ni con el número de calorías que contienen o el valor nutricional.

Si puedes conseguir el pan judío de matzá del que hablé en el capítulo 2, puedes usarlo. Pero eso no significa que no puedas tomar la Santa Cena si no tienes ese pan. Puedes usar cualquier pan o galleta que tengas en casa. Incluso hay galletas que están perforadas, rayadas y quemadas como el pan de matzá. Eso te ayudará a recordar lo que el Señor Jesús ha hecho por ti.

En cuanto a la copa, si puedes, toma algo como jugo de uva, que es el «fruto de la vid» (Lc 22.18), para que te recuerde la preciosa sangre de tu Salvador que fue derramada por ti.

Algunas personas me han escrito para preguntar sobre el uso de vino. En nuestra iglesia y grupos de atención, *no* usamos vino porque puede haber algunas personas que tienen problemas con el alcohol. Como enseñó el apóstol Pablo, no queremos ser tropiezo para nadie (1 Co 8.13). Y, sabiendo que a no todas las personas les afecta igual el alcohol, queremos evitar la posibilidad de que alguien se emborrache.

Dios está claramente en contra de la embriaguez (Ro 13.13; Ef 5.18), y esa fue una de las razones por las que Pablo tuvo que corregir a los cristianos de Corinto que se embriagaban de vino durante la Cena del Señor (1 Co 11.21). Así que, si tienes problemas con el alcohol o te estás recuperando de una adicción al alcohol, entonces, por sabiduría, te sugeriría que uses una bebida no alcohólica, como el jugo de uva, que es fácil de conseguir.

Si tienes pensado tomar la Santa Cena regularmente, por ejemplo, cada día, plantéate reunir los elementos que quieres usar y tenerlos a punto. Si no tienes los elementos recomendados, pero crees que tienes que participar de la Cena del Señor, puedes usar cualquier pan o galleta y agua. La cuestión no es qué tipo de pan o bebida usas; de lo que se trata es de recordar la obra consumada de nuestro Señor y Salvador, Jesucristo.

Hemos recibido muchos testimonios de personas que experimentaron sanidad mientras participaban de la Santa Cena en fe, aunque solo usaban galletas y agua. Muchas de estas preciosas personas se sintieron guiadas a tomar la Santa Cena mientras estaban en el hospital. Algunas acababan de llevar a sus hijos al hospital; otras estaban esperando, por indicación de sus especialistas, que les hicieran más pruebas. Armadas con una revelación de la Santa Cena, usaban cualquier tipo de pan o galletas que tuvieran a mano. De la misma manera, si no podían encontrar jugo de uva, usaban agua.

Con esos sencillos elementos, recordaban la obra consumada del Señor en la cruz y recibieron la Santa Cena. Más tarde, escribieron a mi ministerio para contar cómo vieron al Señor liberarlos a ellos o a sus seres queridos de altas fiebres e incluso de tumores; o cómo vieron que el Señor aceleraba su recuperación de un ictus o de otros problemas de salud.

¿No es bueno el Señor? Amigo mío, la Santa Cena tiene que ver totalmente con él y su obra *consumada*. Esto significa que no hay nada que puedas hacer por tus propios esfuerzos para que la Santa Cena sea más santa o eficaz. Todo lo que tienes que hacer es venir y participar. Y aunque solo puedas conseguir pan y agua corrientes, puedes participar en fe y recibir la sanidad del Señor.

3. ¿Está bien que tome la Santa Cena yo solo en casa, y no en una iglesia donde me la dé un pastor ordenado o un líder de iglesia?

Muchas personas temen tomar la Santa Cena por su cuenta en casa porque se les ha enseñado, o dan por sentado después de haber comulgado en la iglesia, que solo un pastor cualificado puede ministrar los elementos y que debe hacerse en una iglesia. Puede que incluso les hayan enseñado que hacerlo por su cuenta atrae el castigo de Dios.

No verás en ninguna parte de las Escrituras tales condiciones y prohibiciones.

Lo que sí verás es que la noche en que Jesús instituyó la Santa Cena, les dijo *directamente* a sus amados discípulos: «Haced esto todas las veces [...] en memoria de mí» (1 Co 11.24–25). Y no añadió: «Pero asegúrense de tener un pastor cualificado que lo haga para ustedes, y que sea en una iglesia». Si Jesús no puso tales condiciones, ¿por qué habríamos de añadirlas a sus palabras?

Si todavía te preocupa no estar «cualificado», déjame mostrarte cuán perfectamente cualificado estás, no por nada que hayas hecho, sino por lo que el Señor Jesús ha hecho por ti.

La Biblia dice que Jesús «nos amó, y nos lavó de nuestros pecados con su sangre, y nos *hizo* reyes y sacerdotes para Dios, su Padre» (Ap 1.5–6; 5.10). Cristo te ha hecho no solo rey, sino también sacerdote.

Querido amigo, eres un sacerdote para Dios, plenamente cualificado por el Señor Jesús, que te ha limpiado de todos tus pecados con su sangre. Si Jesús mismo te ha cualificado para ser un sacerdote de Dios, no hay duda de que tienes el derecho, a precio de sangre, de participar de la Santa Cena por tu cuenta.

También eres sacerdote para tu familia, para tus hijos. Tienes la unción y la autoridad dadas por Dios para orar por ellos, para educarlos en los caminos de Dios (Pr 22.6), y también para administrarles la Santa Cena. Jesús pagó un alto precio para que tuvieras esta posición de autoridad e influencia, así que no te excuses por ello ni lo tomes a la ligera.

¿Y qué hay de participar de la comida en la comodidad de tu propia casa?

Las Escrituras nos dicen que los primeros cristianos «se reunían en casas para la Cena del Señor y compartían sus comidas con gran gozo y generosidad» (Hch 2.46, NTV). Participaban de la Santa Cena en sus casas. Si lo piensas, ¿de qué otra forma iban a participar *a menudo* siguiendo las instrucciones del Señor?

Hoy en día, muchas iglesias solo celebran la Santa Cena una o dos veces al mes o en ocasiones especiales como el Viernes Santo. ¿Pero cómo puedes participar a menudo si solo lo haces en esos momentos y en una iglesia? Por supuesto, puedes invitar a tu pastor para que te dé la Santa Cena, sobre todo si estás demasiado enfermo para ir a la iglesia. Sin embargo, si quieres tomar la Santa Cena, digamos dos o tres veces al día junto con tu medicación, ¿ves lo poco práctico que sería que tu pastor o líder tuviera que estar ahí cada vez para ministrarte?

Amigo mío, nuestro Dios es un Dios amoroso y práctico, y, si te invita a su mesa, no te pone obstáculos para llegar. Su mesa de gracia no está cargada de restricciones. Cristo te ha hecho apto para que participes por tu cuenta, y no se trata tanto de *dónde* participas de la Santa Cena como *de Quién* participas.

La Cena del Señor es una comida especial en la que tienes una comunión íntima con tu Salvador, recordando con agradecimiento todo lo que ha hecho por ti. Y, desde luego, puedes celebrarla no solo en la iglesia los domingos, sino también en casa, en tu habitación de hotel, o incluso en tu habitación de hospital, a cualquier hora del día, cualquier día de la semana.

4. ¿Funcionará la Santa Cena si el que la toma no es un creyente en Jesús?

Lo que debemos entender es que la mera ingesta de los elementos de la Santa Cena no tendrá efecto. En sí mismos, no hay nada especial ni mágico en los elementos de la Santa Cena.

La Santa Cena es un momento de intimidad con el Señor, un momento en el que recuerdas su amor por ti. Cuando participas de los elementos con *revelación*, contemplando su cuerpo partido por ti al partir el pan, y contemplando su sangre derramada por ti al beber de la copa, es cuando se libera su poder para sanar y liberarte de enfermedades y dolencias. Por eso, en nuestra iglesia, en nuestros servicios, solo invitamos a los creyentes a tomar la Santa Cena. Sin revelación y relación, para los no creyentes la Santa Cena sería tan solo un ritual vacío.

He hablado ampliamente sobre esto en el capítulo 7 y quiero animarte a leer el capítulo de nuevo para entender por qué el poder de la Santa Cena se basa en una *revelación* personal de su amor y en la fe en su obra consumada.

Pero, si tienes parientes, amigos, colegas o vecinos no creyentes que puedan estar sufriendo problemas de salud, por favor, adelante, ora por ellos y diles que estás intercediendo ante el Señor por ellos. En tu tiempo con el Señor, puedes participar de la Santa Cena por ellos y tener fe en que Dios cambiará su situación. Tú has sido hecho justicia de Dios en Cristo y Dios escucha tus oraciones (2 Co 5.21; Pr 15.29). La Biblia incluso dice que «la oración ferviente de una persona justa tiene mucho poder y da resultados maravillosos» (Stg 5.16, NTV).

Por supuesto, comparte el evangelio con ellos si el Señor te da ocasión para hacerlo, pero que no te preocupe si son creyentes o no en este momento. Solo asegúrate de que sepan que estás orando por ellos, para que cuando sean sanados sepan que es el Señor quien los ha sanado.

Cuéntales los testimonios que has leído en este libro, y diles que hay un Dios de milagros que puede sanarlos y que está deseando hacerlo. Diles que no tienen que enfrentarse solos a sus problemas, porque Dios los ama y quiere ayudarlos en sus momentos de necesidad.

No tienen que recibir a Cristo como su Señor y Salvador para que Dios los sane. ¿Te fijaste en que ninguna de las personas a las que Jesús sanó durante su ministerio terrenal eran «cristianos» entonces, ya que todavía no había ido a la cruz? Es interesante que en la primera sanidad que se menciona en la Biblia, el justo Abraham oró por el rey pagano Abimelec, «y Dios sanó a Abimelec», y no solo a él, sino también a «su mujer y a sus siervas» (Gn 20.17).

De la misma manera, que tus amigos no sean creyentes no los descalifica para que el Señor los sane. Es la bondad y la benevolencia de Dios lo que derrite nuestros corazones y nos lleva al arrepentimiento (Ro 2.4). No es nuestro arrepentimiento el que nos lleva a la bondad de Dios. Cuando experimenten en persona su bondad y su poder sanador, creo que querrán conocerlo más.

En Hechos 16.31 hay una promesa que declara: «Cree en el Señor Jesucristo, y serás salvo, *tú y tu casa*». ¿Qué significa esto?

Dios también ama a tus familiares no creyentes, y quiere que cada uno de ellos sea salvo. Incluso en el antiguo pacto, Dios les dijo a los hijos de Israel que tomaran un cordero por familia (Éx 12.3). Esto no significa que, una vez que crees en Jesús, los miembros de tu familia se salvan automáticamente. Pero, cuando recibiste a Jesús, el Cordero de Dios, como tu Señor y Salvador, le abriste una gran puerta para que pase y toque las vidas de tus familiares.

La palabra *salvo* es la traducción del griego *sozo*, que significa «salvar, curar, preservar y rescatar».[1] La mayor bendición para los miembros de tu familia es que inviten a Jesús a sus vidas como su Señor y Salvador y que sepan que sus pecados han sido limpiados de una vez por todas y que el cielo es su hogar.

Pero, en la cruz, Jesús no solo llevó sus pecados, sino también sus enfermedades. Si tienes familiares que están en este momento en el hospital o luchando contra una enfermedad, oro para que el Señor te dé oportunidades para orar por ellos y para contarles todo lo que Jesús ha hecho a su favor. ¡Prepárate para verlos salvados, curados, preservados y rescatados!

5. ¿Puede mi hijo pequeño participar de la Santa Cena si no entiende completamente de qué se trata?

Como padre, me alegra saber que nuestros hijos ocupan un lugar especial en el corazón del Señor. Cuando nos salvó, también tenía en mente a nuestros hijos (Hch 16.31).

¿Qué quiero decir con esto? Las bendiciones del Señor sobre una persona siempre incluyen bendiciones sobre los hijos y la vida familiar de esa persona (Dt 11.21; 28.4, NTV; Is 54.13; Sal 127.1–5; 128.3–5). En el capítulo 3, vimos cómo la sangre del cordero pascual que los israelitas aplicaron en los postes y en el dintel de la puerta cubría a *toda la familia* (incluidos los niños) que estaba en la casa. Amigo mío, Dios quiere que descanses, plenamente consciente de que su obra consumada y sus promesas de sanidad y protección cubren también a tus hijos (Sal 91.10).

¿Me permites mostrarte una cosa más? Quiero que veas lo que Dios siente con respecto a los niños. En el Evangelio de Lucas, cuando algunos padres «traían a él los niños para que los tocase», sus discípulos los reprendieron de inmediato (Lc 18.15). Nuestro Señor Jesús detuvo a sus discípulos, luego llamó a los niños y dijo: «*Dejad a los niños venir a mí, y no se lo impidáis*; porque de los tales es el reino de Dios» (Lc 18.16). ¿No es hermoso?

Una forma maravillosa de llevar a tus pequeños a Jesús es traerlos a la Mesa del Señor, tan a menudo como *tú* participes de la Santa Cena. No tienen por qué estar enfermos para acompañarte en esa participación. Si lo están, sería genial que pudieran participar de la Santa Cena contigo también.

Puedes hacerlo con sencillez y de una manera personal y decirles: «¿Sabes cuánto te ama papá (o mamá)? Pues Jesús también te ama mucho. ¿Qué te parece si le damos gracias?».

Luego puedes tomar el pan, dárselo y decir: «Hablemos con Jesús, ¿de acuerdo? Gracias, Jesús, por amar a [menciona a cada miembro de la familia que participe]. Gracias por mantenernos sanos y salvos. Cuando estamos enfermos, tú eres nuestro sanador. Nos amas y siempre nos quieres felices. Gracias por arreglar lo que nos duele. Gracias por mantenernos en buen estado. Amén». Luego dales a comer el pan.

A continuación, toma la copa y ora: «Señor Jesús, gracias por amarnos y cuidarnos siempre. Gracias por ser nuestro mejor amigo. Gracias por perdonarnos. Contigo nunca tenemos que tener miedo. Necesitemos lo que necesitemos, tú lo entiendes. Gracias a que tú fuiste a la cruz y moriste por nosotros, tenemos todo lo que necesitamos para estar felices, sanos y en buen estado. Gracias, Jesús. Amén». Luego dales a beber el jugo.

Así de sencillo. Creo que, al llevar así a tus hijos a la presencia del Señor por medio de la Santa Cena, ellos y tú verán cómo el Señor es fiel a esas palabras que has orado. Verás cómo el Señor mismo guarda sus cuerpos, espíritus, mentes y emociones con su omnipresente paz *shalom* (Is 54.13).

Como padre o madre, eres es la autoridad espiritual en la vida de tus hijos, y a ti te pertenece el privilegio de llevarlos al Señor y hacerles ver su amor por ellos. En Deuteronomio 11.19, el Señor nos exhorta como padres a enseñar su Palabra a nuestros hijos, «hablando de ellas [las Escrituras] cuando te sientes en tu casa, cuando andes por el camino, cuando te acuestes, y cuando te levantes». ¿Por qué?

Para que lleguen a ver a través de la Palabra su perfecto amor por ellos, y para que tus hijos y tú puedan vivir una vida buena y larga y experimentar los días de los cielos sobre la tierra (Dt 11.21). Cuando participas con ellos de la Santa Cena, ¿acaso no les estás enseñando sobre el Señor y mostrándoles su amor? Entonces, como promete su Palabra en Deuteronomio 11.21, tus hijos y tú experimentarán aquí en la tierra los días del cielo (donde no hay enfermedad) y tendrán una larga vida.

Querido lector, al ver cuán fácil ha puesto el Señor que tus seres queridos y tú puedan recibir su sanidad, su fuerza y su vida divinas, oro para que aproveches todas las oportunidades de venir a la Mesa del Señor y participar de los elementos. Creo, junto a ti, que, a medida que participas de ella, te harás más fuerte y saludable. Yo declaro que, de acuerdo con su Palabra, *no* vas a seguir enfermo ni a morir, sino que vas a vivir y ver la bondad del Señor en la tierra de los vivientes (Sal 27.13). ¡Tus seres queridos y tú *experimentarán* la vida larga y abundante que ellos y tú tienen en Cristo!

APÉNDICE

Palabras griegas clave usadas y sus significados en 1 Corintios 11.28-32

Como prometí en el capítulo 1, voy a dar una explicación detallada de las palabras griegas clave usadas en 1 Corintios 11.28-32. Creo que entender estas palabras aclarará las dudas y temores que puedas tener sobre la idea de que Dios castiga a los creyentes con enfermedad y muerte si participan en la Santa Cena de una manera «equivocada».

¿Cómo nos ayuda la comprensión de los términos griegos? El griego es un idioma tan rico que una palabra puede tener muchos significados. Por ejemplo, las palabras *juzgar* y *juicio*, muy repetidas en este pasaje (y que causan mucho temor en los creyentes) son en realidad traducciones de diferentes palabras griegas, cada una con sus propios significados. De hecho, el griego *juzgar*, *krino*, tiene siete significados diferentes, como lo que sucede con *amor* en nuestro idioma, que puede significar afecto, atracción, admiración, devoción, lealtad, cariño, y puede aplicarse tanto a los seres humanos como a los objetos físicos. Por lo tanto, saber qué palabra se usó en el griego original y cuál es el significado de esa palabra que tenía en mente el autor es crucial para llegar a una comprensión exacta del pasaje en su conjunto.

Permíteme mostrarte los significados de las palabras griegas clave usadas en 1 Corintios 11.28-32, cómo nos revelan que Dios *no* castiga, juzga ni disciplina a sus hijos con la enfermedad y la muerte, y cuál es su aplicación real para ti como creyente.

Comencemos con el versículo 28: «Por tanto, pruébese cada uno a sí mismo». La palabra *pruébese* traduce el verbo griego *dokimazo* (Strong #1381), que *el Diccionario expositivo de palabras del Antiguo y Nuevo Testamento exhaustivo de Vine* define como «probar, someter a prueba, con la expectación de aprobar». Probarte a ti mismo es saber que Dios aprueba que participes y recibas lo que Jesús sufrió para darte. Cuando participas de la Santa Cena, te pruebas correctamente cuando dices: «Conozco el propósito de la Cena del Señor. Sé que su cuerpo fue partido por mis enfermedades, y participo de ella recibiendo su salud. Estoy aprobando lo que él ya ha aprobado».

¿Lo ves? Probarte a ti mismo no significa examinarte buscando los pecados cometidos. Observa que el versículo 28 dice: «pruébese cada uno a sí mismo, y coma así del pan, y beba de la copa». No dice: «pruébese cada uno a sí mismo en busca de su pecado y absténgase del pan y de la copa». De hecho, participar con conciencia de pecado después de todo lo que el Señor ha hecho para asegurar nuestro perdón y sanidad es participar «indignamente» y, según el versículo 29, quien lo hace de ese modo «juicio come y bebe para sí».

Juicio en el griego es *krima* (Strong #2917), que significa «condena del mal». La locución reflexiva *para sí* indica que *este creyente* (no Dios) está realizando el juicio sobre sí mismo. *Él* se condena a sí mismo cuando participa de la autocondenación y la conciencia de pecado. Participar así es participar indignamente, porque la copa es la prueba de que la sangre de Cristo ha remitido los pecados del creyente, y aun así los sigue viendo en sí mismo.

Participar con conciencia de pecado es además hacerlo «sin discernir el cuerpo del Señor» (v. 29). La palabra *discernir* es *diakrino* (Strong #1252), que el *Thayer's Greek Lexicon* define como «separar, hacer una distinción». Aquí, el apóstol Pablo habla del creyente que no hace la distinción de que el cuerpo de Cristo ha llevado sus pecados y enfermedades para poder separarse del mundo y no sufrir lo que el mundo (los no creyentes) sufre: condenación, debilidad, enfermedad y muerte prematura.

Muchos creyentes no hacen distinción entre el pan y la copa. Los juntan a la hora de participar de la Santa Cena, seguramente porque no se les ha enseñado que el cuerpo del Señor fue partido para que el de ellos estuviera entero ni cómo discernir su cuerpo cuando participan de él. Como compartí en el capítulo 1, la falta de discernimiento con respecto al cuerpo del Señor es la razón que da el apóstol Pablo para explicar por qué hay muchos en la iglesia que están débiles o enfermos y otros mueren antes de tiempo (v. 30).

Pablo añade que si «nos examinásemos [*diakrino*] a nosotros mismos», si nos viéramos distintos de los pueblos del mundo y apartados para recibir los beneficios del cuerpo del Señor partido por nosotros, entonces no seríamos «juzgados» por Dios (v. 31). Muchos creyentes entienden enseguida que esto se refiere a ser condenados por Dios, pero aquí es donde conviene saber que la palabra griega para *juzgar* es *krino* (Strong #2919) y que tiene siete significados diferentes según el *Diccionario Expositivo Vine*.

Aunque *krino* puede significar la condenación eterna por el tribunal celestial, este no puede ser el significado en este texto, porque la Escritura dice claramente que «el que en él cree, no es condenado [*krino*]» (Jn 3.18). Más bien, el significado de *krino* en el versículo 31 es en realidad «someterse a censura». Dicho de otro modo, si tuviéramos la opinión correcta de nosotros mismos como perdonados, justos y sanados gracias a la obra consumada de nuestro Señor Jesús, no estaríamos bajo la censura de Dios. No seríamos corregidos, reprendidos o castigados por nuestro Padre celestial.

Esto es coherente con lo que Pablo afirma en el versículo siguiente: «Mas siendo juzgados [*krino*], somos castigados por el Señor» (v. 32). *Castigados* aquí traduce el verbo griego *paideuo* (Strong #3811), y significa «educar a los niños». ¿Cómo nos castiga o educa Dios, nuestro Padre celestial, a nosotros, sus hijos? ¿Haciéndonos enfermar o provocando que nos ocurran accidentes? Desde luego que no.

Dios nos castiga, o disciplina, por medio de su Espíritu y su Palabra (Heb 12.9–10).

Pablo nos dice en 2 Timoteo 3.16 que la Palabra de Dios es útil «para redargüir, para corregir, para instruir en justicia». Es bueno para nosotros que nos censure y corrija para que vivamos y participemos de su santidad (Heb 12.9–10). Este propósito de su disciplina no sería posible si su castigo es la enfermedad o un accidente letal. Observa la forma de censurar a los creyentes de Corinto por su conducta desordenada cuando se reunían para participar de la Santa Cena mediante una nueva palabra de Pablo para ellos acerca de ella.

Dios nos castiga porque somos sus hijos y nos ama (Heb 12.6). Él no quiere que seamos «condenados con el mundo» (v. 32), sino que entendamos la diferencia que la cruz de Jesús ha significado en nuestra vida, de modo que haya una «clara distinción» entre su pueblo y las personas del mundo, como ocurrió cuando él estableció la diferencia entre los israelitas y los egipcios (Éx 8-23; 11.7, NTV).

La Santa Cena es, por lo tanto, la provisión de Dios para que sus hijos se distingan del mundo y no sean «condenados con el mundo». La palabra *condenados* es *katakrino* (Strong #2632), que significa «dictar sentencia». En este contexto, *katakrino* se refiere a una condena divina de debilidad, enfermedad y muerte que se transmitió al mundo cuando Adán pecó.

El mundo en que vivimos es un mundo caído, donde todos están sujetos a debilidades, enfermedades y dolencias del cuerpo y la mente. Pero, como hijos de Dios, no tenemos por qué ser condenados con el mundo. Podemos ser diferentes de los no creyentes del mundo, y tener una vida larga, fuerte y sana, si discernimos el cuerpo del Señor y discernimos lo que somos *en él*. En él, somos perdonados, hechos justos y completamente aptos para participar de la Santa Cena, de la sanidad y la plenitud que él ha comprado para nosotros en la cruz.

Le pido a Dios que lo que has leído aquí te haya ayudado a aclarar cualquier duda sobre la Santa Cena. Pero, tanto si entiendes todos los términos griegos como si no, gracias a que eres creyente en Cristo

Jesús, *puedes* participar de la Santa Cena sin conciencia de pecado y sin miedo. Puedes participar de ella con fe y confianza. Gracias a su obra consumada, puedes recibir gratuitamente a través de la Santa Cena todas las bendiciones que el Señor Jesús te dio con su muerte, incluyendo la sanidad, la salud y la plenitud.

(Los significados de las palabras griegas están tomados del *New Exhaustive Strong's Numbers and Concordance with Expanded Greek-Hebrew Dictionary*, de *The Online Bible Thayer's Greek Lexicon*, y del *Diccionario Expositivo Vine de palabras del Antiguo y Nuevo Testamento*).

NOTAS

Introducción

1. Lisa Rabasca Roepe, «The Diet Industry», *SAGE Business Researcher*, 5 marzo 2018, http://businessresearcher.sagepub.com/sbr-1946 -105904-2881576/20180305/the-diet-industry.

Capítulo 1: Ven a la mesa

1. NT: 1252, Joseph Henry Thayer, *Thayer's Greek Lexicon* (base de datos electrónica). Copyright © 2000, 2003, 2006 por Biblesoft, Inc. Todos los derechos reservados.

Capítulo 2: No es otro plan de dieta

1. «Obesity and Overweight», Centers for Disease Control and Prevention, acceso obtenido 13 junio 2016, https://www.cdc.gov/nchs/fastats/obesity -overweight.htm.
2. «What Are the Consequences?», PublicHealth, acceso obtenido 7 febrero 2019, https://www.publichealth.org/public-awareness/obesity /consequences/.
3. Dan Ledger y Daniel McCaffrey, «Inside Wearables: How the Science of Human Behavior Change Offers the Secret to Long-Term Engagement», Endeavour Partners Archive, enero 2014, https://medium.com/@ endeavourprtnrs/inside-wearable-how-the-science-of-human-behavior- change-offers-the-secret-to-long-term-engagement -a15b3c7d4cf3.

4. NT: 2222, William Edwy Vine, *Diccionario Expositivo Vine* (Nashville, TN: Grupo Nelson, 2014).

5. NT: 5315, James Strong, *New Exhaustive Strong's Numbers and Concordance of the Bible with Expanded Greek-Hebrew Dictionary.* Copyright © 1994, 2003, 2006 Biblesoft, Inc. y International Bible Translators, Inc.

6. NT: 5176, Joseph Henry Thayer, *Thayer's Greek Lexicon* (base de datos electrónica). Copyright © 2000, 2003, 2006 por Biblesoft, Inc. Todos los derechos reservados.

7. «A Guide to Shechita», Shechita UK, mayo 2009, https://www.shechitauk .org/wp-content/uploads/2016/02/A_Guide_to_Shechita_2009__01.pdf.

8. T. J. McCrossan, *Bodily Healing and the Atonement* (Tulsa, OK: Kenneth Hagin Ministries, Inc., 1989), http://www.schoolofgreatness.net /wp-content/uploads/2018/08/Kenneth-E-Hagin-Bodily-Healing-and -Atonement.pdf.

9. Flavio Josefo, *Las guerras de los judíos* (Barcelona: Janés, 1952).

10. OT: 7291: James Strong, *Biblesoft's New Exhaustive Strong's Numbers and Concordance.*

Capítulo 3: Ninguno débil ni enfermo

1. Steve Rudd, «The Exodus Route, the Population of the Exodus Jews, the Number of the Exodus, How Many Hebrews Were in the Exodus», consultado 14 febrero 2019, http://www.bible.ca/archeology/bible -archeology-exodus-route-population-of-jews-hebrews.htm.

Capítulo 4: A tu favor, no en tu contra

1. NT: 2222, William Edwy Vine, *Diccionario Expositivo Vine* (Nashville, TN: Grupo Nelson, 2014).

2. OT: 3444, Joseph Henry Thayer, Francis Brown, Samuel Rolles Driver, y Charles Augustus Briggs, *The Online Bible Thayer's Greek Lexicon and Brown Driver & Briggs Hebrew Lexicon.* Copyright © 1993, Woodside Bible Fellowship, Ontario, Canadá. Con licencia del Institute for Creation Research.

Capítulo 5: No hay lugar para el temor

1. Para leer los alentadores testimonios de alabanza sobre el amor y la fidelidad del Señor, visita https://blog.JosephPrince.com/category /praise-reports/.

2. Kathryn Watson, «Routine Hair Shedding: Why It Happens and How Much to Expect», Healthline, acceso obtenido 4 enero 2019, https://www .healthline.com/health/how-much-hair-loss-is-normal.

3. «Treatments», Alzheimer's Association, acceso obtenido 4 enero 2019, https://www.alz.org/alzheimers-dementia/treatments.

Capítulo 6: Él pagó la factura

1. Irene Papanicolas, Liana R. Woskie y Ashish K. Jha, «Health Care Spending in the United States and Other High-Income Countries», *Journal of the American Medical Association*, 319, n 10 (2018): pp. 1024-39, https://doi .org/10.1001/jama.2018.1150.

2. «National Health Expenditure Data: Historical», Centers for Medicare & Medicaid Services, acceso obtenido 7 enero 2019, https://www.cms.gov /Research-Statistics-Data-and-Systems/Statistics-Trends-and-Reports /NationalHealthExpendData/NationalHealthAccountsHistorical .html.

Capítulo 7: La revelación da resultados

1. OT: 5027, James Strong, *New Exhaustive Strong's Numbers and Concordance of the Bible with Expanded Greek-Hebrew Dictionary.* Copyright © 1994, 2003, 2006 Biblesoft, Inc. y International Bible Translators, Inc.

2. NT: 40, Joseph Henry Thayer, *Thayer's Greek Lexicon* (base de datos electrónica). Copyright © 2000, 2003, 2006 por Biblesoft, Inc. Todos los derechos reservados.

3. NT: 2842, Joseph Henry Thayer, *Thayer's Greek Lexicon*.

4. NT: 4372, Joseph Henry Thayer, *Thayer's Greek Lexicon*.

Capítulo 8: Completamente cubierto, sin exclusiones

1. OT: 5315, Joseph Henry Thayer, Francis Brown, Samuel Rolles Driver, y Charles Augustus Briggs, *The Online Bible Thayer's Greek Lexicon and Brown Driver & Briggs Hebrew Lexicon.* Copyright © 1993, Woodside Bible Fellowship, Ontario, Canadá. Con licencia del Institute for Creation Research.

2. «What Is Hermatidrosis?», WebMD, acceso obtenido 15 febrero 2018, https://www.webmd.com/a-to-z-guides/hematidrosis-hematohidrosis#1.

Capítulo 9: ¡No te rindas!

1. NT: 2168, James Strong, *New Exhaustive Strong's Numbers and Concordance of the Bible with Expanded Greek-Hebrew Dictionary*. Copyright © 1994, 2003, 2006 Biblesoft, Inc. y International Bible Translators, Inc.

Capítulo 10: La lucha por el descanso

1. OT: 4832, James Strong, *New Exhaustive Strong's Numbers and Concordance of the Bible with Expanded Greek-Hebrew Dictionary*. Copyright © 1994, 2003, 2006 Biblesoft, Inc. y International Bible Translators, Inc.
2. NT: 4982, Joseph Henry Thayer, *Thayer's Greek Lexicon* (base de datos electrónica). Copyright © 2000, 2003, 2006 de Biblesoft, Inc. Todos los derechos reservados.
3. «The Roman Scourge», Bible History Online, acceso obtenido 4 marzo 2019, https://www.bible-history.com/past/flagrum.html.

Capítulo 11: El Dios de tus valles

1. NT: 1411, James Strong, *New Exhaustive Strong's Numbers and Concordance of the Bible with Expanded Greek-Hebrew Dictionary*. Copyright © 1994, 2003, 2006 Biblesoft, Inc. y International Bible Translators, Inc.
2. «Shalem», The NAS Old Testament Hebrew Lexicon, acceso obtenido 11 marzo 2019, https://www.biblestudytools.com/lexicons/hebrew/nas /shalem.html.
3. «Qadar», The NAS Old Testament Hebrew Lexicon.
4. OT: 1298, Joseph Henry Thayer, Francis Brown, Samuel Rolles Driver, y Charles Augustus Briggs, *The Online Bible Thayer's Greek Lexicon and Brown Driver & Briggs Hebrew Lexicon*. Copyright © 1993, Woodside Bible Fellowship, Ontario, Canadá. Con licencia del Institute for Creation Research.

Capítulo 12: Busca al sanador

1. NT: 1921, Joseph Henry Thayer, *Thayer's Greek Lexicon* (base de datos electrónica). Copyright © 2000, 2003, 2006 de Biblesoft, Inc. Todos los derechos reservados.

2. «1 Pedro 2.25», BibleHub, acceso obtenido 18 marzo 2019, https://
biblehub.com /text/1_peter/2-25.htm.

3. NT: 3341, Joseph Henry Thayer, *Thayer's Greek Lexicon.*

4. OT: 4496, Joseph Henry Thayer, Francis Brown, Samuel Rolles Driver,
y Charles Augustus Briggs, *The Online Bible Thayer's Greek Lexicon and
Brown Driver & Briggs Hebrew Lexicon.* Copyright © 1993, Woodside
Bible Fellowship, Ontario, Canadá. Con licencia del Institute for Creation
Research.

Preguntas frecuentes

1. NT: 4982, Blue Letter Bible, acceso obtenido 27 marzo 2019, https://www
.blue letterbible.org/lang/lexicon/lexicon.cfm?Strongs=G4982&t=NKJV.

AGRADECIMIENTO ESPECIAL

Mi especial agradecimiento y aprecio a todos los que nos han enviado sus testimonios e informes de alabanza. Debes tomar en cuenta que todos los testimonios se reciben de buena fe y se han compartido solo con el consentimiento de sus autores. Los testimonios han sido editados solo por razones de brevedad y fluidez. Hemos cambiado los nombres para proteger la privacidad de los autores.

CLÁUSULA DE EXENCIÓN DE RESPONSABILIDAD MÉDICA

Este libro no pretende reemplazar el consejo médico profesional. Si tu ser querido o tú tienen un problema de salud o una enfermedad, por favor, consulten a un doctor o técnico sanitario cualificado. También te aconsejamos que le pidas siempre al Señor y busques su sabiduría y su guía en lo relativo a tu salud o a tu problema médico, y que uses la sabiduría divina a la hora de tratar tu bienestar físico, mental y emocional. No hagas caso omiso, sin consultar con nadie, de los consejos o diagnósticos médicos profesionales. Por favor, tampoco tomes lo que se ha compartido en este libro como permiso o estímulo para dejar de tomar tu medicación o de seguir un tratamiento médico. Aunque no ofrecemos garantías y reconocemos que las distintas personas experimentan distintos resultados, nos mantenemos firmes en la fe para creer y afirmar la Palabra de Dios y las promesas de sanidad con todos los que creen.

ORACIÓN DE SALVACIÓN

Si quieres recibir todo lo que Jesús ha hecho por ti y que él sea tu Señor y Salvador, por favor, di esta oración:

Señor Jesús, gracias por amarme y morir por mí en la cruz. Tu preciosa sangre me limpia de todo pecado. Tú eres mi Señor y mi Salvador, ahora y siempre. Yo creo que resucitaste de entre los muertos y que hoy estás vivo. Gracias a tu obra consumada, ahora soy un hijo amado de Dios y el cielo es mi hogar. Gracias por darme la vida eterna y llenar mi corazón con tu paz y tu gozo. Amén.

NOS GUSTARÍA SABER DE TI

Si has dicho la oración de salvación o si tienes un testimonio para compartir después de leer este libro, por favor, envíanoslo desde JosephPrince.com/testimony.

ACERCA DEL AUTOR

JOSEPH PRINCE es una voz destacada en la proclamación del evangelio de la gracia a toda una nueva generación de creyentes y líderes. Es el pastor principal de la New Creation Church de Singapur, una iglesia vibrante y dinámica con una congregación de más de treinta y tres mil personas. Además, dirige Joseph Prince Ministries, un ministerio de televisión y medios de comunicación que está alcanzando al mundo con las buenas noticias sobre la obra consumada de Jesús. Joseph es también un autor de superventas como *El poder de creer correctamente* y *Destinados a reinar*, además de ser un conferencista muy solicitado. Para más información sobre sus otros recursos inspiradores y sus últimos mensajes de audio y video, visita JosephPrince.com.